Danksagungen

Danke an Matthias Protzel für Korrektur,
Lektorat, Layout und Deine Unterstützung.

Mein Dank gilt auch meiner Familie und allen Testlesern
sowie allen Personen, die mir mit Rat und Tat halfen.

Lieben Dank auch an die Menschen, die mich zu diesem
Buch inspirierten.

Selbsterfüllende Prophezeiung

Wie Erwartungen
Ihr Leben bestimmen

Mit Beispielen & Übungen

von Ramona Wolter

Selbsterfüllende Prophezeiung

WIE ERWARTUNGEN IHR LEBEN BESTIMMEN

Mit Beispielen & Übungen

Erweiterte, überarbeitete Neuauflage

© 2019 Wolter, Ramona
Herstellung und Verlag: BoD – Books on Demand, Norderstedt
ISBN: 9783752642636

Lektorat & Layout: Matthias Protzel, Northern Blue, Hamburg
www.northernblue.de

„Ob du denkst, du kannst es, oder du kannst es nicht.
Du wirst auf jeden Fall recht behalten."

Henry Ford

Inhaltsverzeichnis

Vorwort

Liebe Leser, ich freue mich, Sie auf diesen Seiten begrüßen zu dürfen und möchte Ihnen in diesem Vorwort erzählen wie die Idee entstand, dieses Buch zu schreiben.

Als ich eine akademische Ausbildung zur Managementassistentin absolvierte, hörte ich in dem Kurs Recruitment, Personalbeschaffung und Bewerbermanagement zum ersten Mal von der selbsterfüllenden Prophezeiung und welchen Einfluss sie bei der Bewerberauswahl hat. Allerdings geschah dies nicht direkt im Unterricht, sondern stand in den Dateien, die uns zur Verfügung gestellt wurden. So kam es, dass ich das Thema zunächst nur überflog. Vielleicht wurde es im Unterricht zur Sprache gebracht, aber ich kann mich rückblickend nicht mehr daran erinnern. So ergeht es doch vielen von uns, die zum ersten Mal etwas lernen. Wir lesen etwas, hören etwas, oder machen einmal eine Übung und es kann nicht wirklich ins Langzeitgedächtnis aufgenommen werden. Zu jenem Zeitpunkt habe ich dieses Thema auch nicht verinnerlicht – ganz ehrlich zugegeben. Ja, jetzt kommt es raus, wo meine Ausbildung schon lange zurückliegt (Zwinker).

Dieses Thema kam jedoch wieder zur Sprache, als ich meine systemische Coaching-Ausbildung absolvierte und mit Übungsklienten zusammenarbeitete. Zu ihren Themen recherchierte ich und fragte mich, was sie benötigten, um erfolgreich an ihre Ziele zu gelangen. Nach etlichen Recherchen stieß ich erneut auf die selbsterfüllende Prophezeiung. Ein Thema, das unabdingbar ist, um seine Ziele zu erreichen. Aber auch, um motiviert und optimistisch zu sein.

Nach über einem halben Jahr des Coachings traf ich einen meiner ehemaligen Übungsklienten wieder. Kurz nach dem Coaching war er noch voller Tatendrang, voller Enthusiasmus, voller Optimismus und Motivation gewesen. Doch zu dem Zeitpunkt unseres späteren Treffens war er ziemlich geknickt und verfiel wieder in alte Denk- und Glaubensmuster, die natürlich auch die Ihrigen Verhaltensweisen mit sich brachten. So erinnerte ich ihn an die Tools, die ich auf Flipcharts aufgeschrieben hatte und bat ihn, sich diese noch einmal in Erinnerung zu rufen.

Vor allem diejenigen mit der selbsterfüllenden Prophezeiung und dem positiven Denken.

Vor Kurzem traf ich auch einen alten Freund wieder, der mir von seinen Erfolgen und auch von Misserfolgen in seinem Leben berichtete. Und auch ihm gab ich Tipps mit auf den Weg und erklärte ihm, wie die selbsterfüllende Prophezeiung funktioniert. Aber wirklich umsetzen konnte auch er es nicht.

Auch stellte ich durch meine Selbstreflexion in Frage: Wie ist es eigentlich bei mir? Bis zu dem Zeitpunkt wusste ich zwar, was die selbsterfüllende Prophezeiung ist, aber ich wandte sie nicht tagtäglich bewusst an. So stellte ich fest, dass ich mich selbst noch nicht intensiv genug mit diesem Thema auseinandergesetzt hatte. Daher wuchs schließlich die Idee, ein Buch über die selbsterfüllende Prophezeiung zu schreiben, welches nicht nur erklären sollte, was sie ist und auch nicht nur Coachingtools beinhalten sollte. Es sollte nämlich auch viele Fallbeispiele aus dem Leben beinhalten, sodass das Thema wirklich gelernt und verinnerlicht wird und im Langzeitgedächtnis verankert bleibt.

Zu dem Zeitpunkt hatte ich jedoch noch einige andere Projekte am Laufen und schrieb auch schon an anderen Büchern. Diese Arbeit unterbrach ich jedoch, um mich ausgiebig diesem Buch zu widmen. Ist es ein Zufall, dass ich bei diesem Buch keine Schreibblockade hatte und es mir gelang meine Zeit für eine Weile nur der Arbeit daran zu widmen? Nein – denn das ist nur das Resultat einer erfolgreichen Anwendung meiner selbsterfüllenden Prophezeiung gewesen.

Liebe Leser, nun wünsche ich Ihnen auf den folgenden Seiten viel Spaß und Freude beim Lesen, Erkennen, Nachdenken, Üben und dem Umsetzen der selbsterfüllenden Prophezeiung.

1.
Einleitung

1.1 Hinweis zu diesem Buch

Dieses Buch beinhaltet viele Fallbeispiele. Die Namen und die Handlungen sind von mir frei erfunden.

Es sind alltägliche Beispiele aus dem Privat-und Berufsleben, die den meisten Menschen schon einmal begegnet sind. Daher kann es sein das Sie sich in einigen Beispielen wiedererkennen, was dazu führen könnte, dass Sie sich getriggert fühlen. Alle Namen und Personen in den Beispielen sind frei von mir erfunden – Ähnlichkeiten mit tatsächlichen Personen sind rein zufällig.

Da im Coaching ausschließlich mit der Sie-Form Anrede gearbeitet wird, habe ich diese Anredeform auch für dieses Buch gewählt. Mir war es wichtig, dieses Thema auch Menschen mit einem geringeren Budget zugänglich zu machen.

Jedoch ersetzt dies kein Coaching und eine Therapie schon gar nicht. Ein Coaching hat immer den Vorteil, dass auf den blinden Fleck (das heißt, was man selbst nicht sieht) eingegangen wird sowie das, wenn gewünscht, auch Feedback erteilt werden kann.

Das Buch ist abwechslungsreich mit vielen Beispielen gestaltet. Dies sorgt für eine bessere Aufnahme und soll bei der Konzentration helfen.

Als Beispiel, wenn man in ein Tagesseminar geht und alle Flipcharts sind in derselben Art und Weise gestaltet, hat dies eher etwas Meditatives an sich und hat zur Folge, dass bei den Teilnehmern nach einer Weile die Konzentrationsfähigkeit nachlässt.

Begriffserklärungen finden Sie am Ende des Buches im Glossar.

Die Übungen können Sie gerne für Ihren Eigengebrauch kopieren.

1.2 Umgang mit diesem Buch

Sie werden oft sehen, dass sich einige Beispiele und Übungen voneinander unterscheiden. Dies dient vor allem dazu, dass der Umgang mit diesem Buch nicht monoton wird. Denn wenn sie z. B. Kreuzworträtsel machen, bei denen sich alle Rätsel ähneln, ist der volle Effekt des Gehirntrainings nicht gegeben, da nur eine stetige Abfrage und Wiederholung Ihres Wissens stattfindet. Da dieses Buch nicht nur theoretisches Wissen vermitteln, sondern auch dazu dienen soll, dass Sie die selbsterfüllende Prophezeiung erfolgreich in der Praxis anwenden können, bedarf es gezielter Abweichungen, um die Konzentration und den Lerneffekt zu fördern.

Jeder Mensch hat einen anderen Lernstil. Die bevorzugten Lernstile unterscheiden sich in visueller, akustischer oder haptischer Weise. Auch spielen unterschiedliche multiple Intelligenzarten eine Rolle, die ich mit vielen abwechslungsreichen Fallbeispielen und Übungen ansprechen und erreichen möchte.

Den akustischen Lerntyp spreche ich durch die Lernsätze an, denn hier kann er das Gelesene auch für sich selbst wiederholen. Grundsätzlich lernen wir alle am meisten durch stetige Wiederholung sowie wenn Emotionen geweckt werden und wir uns eine Situation auch lebhaft vorstellen bzw. sie live erleben können. Daher werden Sie in diesem Buch auch viele Fallbeispiele finden.

Einige Beispiele enthalten keine umgekehrten Bespiele, weil dies für alle Lerntypen besonders gut geeignet ist, die sich dadurch getriggert fühlen und das Fehlen von Umkehrbeispielen als Ansporn sehen, sich selbst die umgekehrte Variante zu überlegen.

Einige Beispiele können auch triggern. Sie sind kein Maßstab – die daraus entstehenden Assoziationen wird jeder unterschiedlich wahrnehmen. Und das ist auch gut so, denn in meinen Beispielen geht es einzig und allein darum, Denkanstöße zu geben, um die selbsterfüllende Prophezeiung zu verstehen und erfolgreich im Alltag anzuwenden.

Ausnahmen gibt es immer!

Und wenn ich ein Beispiel verwende, von dem ich meine, dass die Mehrheit diese Motive des Denkens, der Gefühle und des Verhaltens hat, kann dies natürlich dazu führen, dass Sie zum Denken angeregt werden und anders schlussfolgern als ich. Das ist auch gut so, denn so werden die Prozesse des Verstehens, des Lernens und der Verankerung im Langzeitgedächtnis abgespeichert.

Des Weiteren werden Sie in diesem Buch auch keine Übungsaufgaben zum positiven Denken finden, da es wie bereits gesagt einzig und allein von der selbsterfüllenden Prophezeiung handelt.

Der Grund dafür liegt in der Notwendigkeit, erst einmal ein Thema zu verstehen, es zu verankern und im Langzeitgedächtnis abzuspeichern, damit sie die Erkenntnisse erfolgreich anwenden können.

So kann es natürlich sein, dass Sie einige Monate brauchen, um ein Bewusstsein für dieses Thema zu entwickeln, es fest in ihrem Gedächtnis zu verankern und erfolgreich in der Praxis anwenden zu können.

Gewisse Verhaltensweisen haben ihren Ursprung als Auslöser von Trigger-Punkten, die von Denk-und Glaubensmustern gesteuert werden. Derartige Reize, welche ein bestimmtes Verhalten in uns auslösen, werde ich in einem anderen Buch näher erörtern.

Mir war wichtig, ein Buch ausschließlich über die selbsterfüllende Prophezeiung zu schreiben und es mit vielen Übungen und Beispielen zu füllen. So ist das Thema der selbsterfüllenden Prophezeiung verständlicher und durch die stetige Wiederholung und die Veranschaulichung mit der Darstellung von Fallbeispielen besser erlernbar. Durch Übungen und Beispiele lässt sich dieses Thema besser verinnerlichen und das Ziel dieses Buches ist schließlich, dass Sie nach der Lektüre verstanden haben, was die selbsterfüllende Prophezeiung ist und wie sie funktioniert. Mein Wunsch ist, dass Sie nach dem Lesen des Buches ein Bewusstsein für die selbsterfüllende Prophezeiung haben und diese erfolgreich in Ihrem Alltag anwenden können.

In dieses Buch habe ich mehrere Beispiele für Vorurteile und Stereotypisierungen eingebunden, da es sich um ein Thema handelt, welches jeden von uns mehr oder weniger betrifft.

1.3 Die selbsterfüllende Prophezeiung und die nicht selbsterfüllende Prophezeiung

1.3.1 Der Soziologe Robert Merton

Der Soziologe Robert Merton prägte 1948 den Begriff der selbsterfüllenden Prophezeiung und beschrieb ihn wie folgt: „Eine falsche Definition der Situation, die ein neues Verhalten hervorruft, wodurch die ursprünglich falsche Vorstellung wahr wird". *(Merton, 1968, p. 477)*.

Merton wurde 1910 als Sohn armer Einwanderer aus Osteuropa geboren und wuchs in Philadelphia auf. Vielleicht lernte er schon während seiner Kindheit in den „Slums" von Süd-Philadelphia von der selbsterfüllenden Prophezeiung (engl. self-fullfilling prophecy). Immerhin lebte er später selbst den klassischen „Amerikanischen Traum", zu dem die Überzeugung von den eigenen Talenten und Fähigkeiten gehören.

Was ist die selbsterfüllende Prophezeiung und was ist die nicht selbsterfüllende Prophezeiung

Die selbsterfüllende Prophezeiung ist nichts anderes als die Erwartung, dass ein bestimmtes Ergebnis einer Situation eintrifft. Es gibt die positive selbsterfüllende Prophezeiung und die nicht selbsterfüllende Prophezeiung, die jeweils vom Denken ausgeht und somit ein individuelles Verhalten massiv so beeinflusst, dass das Gedachte auch tatsächlich geschieht.

Ein typisches Beispiel hierfür ist das Lehrer Schüler Beispiel: Wenn ein Lehrer davon ausgeht, dass die Schüler nicht lernwillig sind, dann wird er sie auch wie faule Schüler behandeln und sich ihnen gegenüber entsprechend unmotiviert verhalten. Die Schüler werden ihm auf diese Behandlung und sein Verhalten die entsprechende Reaktion zeigen und in ihren Lernbemühungen nachlassen. Somit wird die Erwartung des Lehrers, dass seine Schüler nicht lernwillig sind, bestätigt.

Genauso verhält es sich mit Denksätzen: „Eine sich selbst erfüllende Prophezeiung bezieht sich auf einen Glauben oder eine Erwartung, die ein Individuum über ein zukünftiges Ereignis hält, das sich manifestiert, weil das Individuum es hält." *(Good Therapy, 2015)*

Wenn Sie beispielsweise gleich morgens denken, dass der heutige Tag nicht gut wird, wird Ihr ganzer Tag dadurch beeinflusst, ebenso wie alle Ihre Handlungen, sodass die selbsterfüllende Prophezeiung auch eintrifft.

Dabei spielt es noch nicht einmal eine Rolle, ob Sie für diesen Gedanken einen Grund hatten. Es ist Ihre Einstellung dazu, die sich dann erfüllt.

Es kann sein, dass Sie unbewusst daran arbeiten, Ihren Glauben verstärken und das Positive ignorieren. Dass Sie sich auf das Negative konzentrieren und sich auf eine Art und Weise verhalten, die in keinster Weise zu einem schönen Tag beitragen kann.

Daher ist es empfehlenswert auf Ihre Glaubenssätze zu achten, denn wenn sie wünschen, dass es ein guter Tag wird, dann sollten sie es auch dementsprechend erwarten: Glaubenssätze, wie:"Heute wird ein guter Tag" helfen dabei.

Unter dem Begriff selbsterfüllende-Prophezeiung – self-fullfilling prophecy – versteht man auch einen psychischen Mechanismus, mit dem eine spezifische Erwartungshaltung bzw. eine Attribution einhergeht. Gleiches gilt für vorurteilsvolles, diskriminierendes Verhalten einer anderen Person oder sozialen Gruppe gegenüber.

Indem Verhaltensweisen zugeschrieben werden, wird ein Prozess gefördert, der dazu beiträgt, dass diese Personen oder Gruppen einen Zwang zur Identifizierung mit der zugeschriebenen Rolle entwickeln.

Dies löst einen Konformitätsdruck aus, welcher schließlich das vermutete und erwartete Verhalten (zum Beispiel, dass die Personen stehlen) nach sich zieht. Damit werden die Erwartungshaltung sowie implizite Theorien bestätigt.

Diese passen sich Ihrem Selbstbild und den Zuschreibungen und Bedingungen ihrer sozialen Situation zeitlich an. Dadurch werden negative sowie auch positive Stigmatisierungen (zum Beispiel bei Klugheit oder Schönheit) wirksam.

Wenn beispielsweise ein depressiver Patient erwartet, dass er in einer sozialen Interaktion scheitern wird, so wird dies womöglich sein Interaktionsverhalten, bzw. die Bewertung seines Verhaltens seitens des Interaktionspartners negativ beeinflussen und das Eintreffen der zuvor befürchteten negativen Konsequenzen wahrscheinlicher machen.

Es ist jedoch wichtig, zu differenzieren, dass bewusste Manipulation nichts mit der selbsterfüllenden Prophezeiung zu tun hat und den Handelnden oft ihr Denken nicht bewusst ist. Sie gehen eher davon aus, dass ihre Einstellungen und Überzeugungen unter anderem para- und nonverbales Interaktionsverhalten veranlasst haben, sodass sich ihre Erwartung bewahrheitet hat.

Kommen wir zurück zu den selbsterfüllenden Prophezeiungen, an denen sich gute oder schlechte Zyklen der Prophezeiungen erkennen lassen.

Wenn wir an uns glauben, werden wir wahrscheinlich auch in der Art und Weise handeln, die diesem Glauben entspricht. Dadurch wird unser Selbstvertrauen gestärkt und positives Verhalten gefördert. In ähnlicher Weise verhält es sich auch mit unseren Mitmenschen. Wenn wir ihnen bestimmte Charakterzüge oder Eigenschaften zuschreiben, dann werden wir auf eine Art und Weise handeln, welche sie dazu bewegt, sich so zu verhalten, dass unsere Annahme über sie bestätigt wird.

Es wird nicht sehr oft über diesen Zyklus nachgedacht – vor allem, wenn er positiv verläuft. Sollte er jedoch negativ für uns verlaufen, stellen wir ihn in Frage und haben sogar einen eigenen Begriff dafür: Teufelskreis.

Ein Beispiel dafür: Eine von Selbstzweifeln geplagte Person, die meint, sie sei bei ihrer Arbeit nicht gut genug, kann sich durch ihr Selbstbild unbeabsichtigt sabotieren. Denn durch den Glauben, dass ihre Arbeit unterdurchschnittlich sei, wird vermieden, mehr Zeit und Mühe zu investieren oder sich der Arbeit mit Freude zu widmen. Dies hat zur Folge, dass es zu einem Mangel an Übung und Erfahrung kommt, was dazu führt, dass die Person in ihrem Job tatsächlich an Kompetenz verliert. Dadurch werden dann noch mehr Selbstzweifel erzeugt, welche am Selbstwertgefühl nagen.

Ein zweites Beispiel ist ein fiktives Jobinterview für einen Arbeitsplatz. Zwei Menschen mit den gleichen Qualifikationen stellen sich vor: sie haben die gleiche Ausbildung erhalten, besitzen die gleichen Erfahrungen und Fähigkeiten. Der erste Bewerber ist hinsichtlich seiner Fähigkeiten sehr zuversichtlich. Er geht mit einem Lächeln zum Jobinterview und beantwortet jede Frage zuversichtlich, während der zweite Bewerber seiner selbst wegen verunsichert ist. Dadurch stolpert Bewerber Nummer zwei über seine Antworten und beantwortet jede Frage unsicher und zögerlich.

Was glauben Sie, wer die freie Stelle erhält? Natürlich hat der zuversichtliche Bewerber, der an sich selbst glaubt und sich selbstbewusst verhält, bessere Chancen als der Bewerber, der fürchtet, nicht gut genug zu sein und zu versagen.

Genauso verhält es sich wenn jemand etwas verkaufen möchte oder eine Rede halten soll. Wer davon ausgeht, dass er etwas nicht kann, wird mit den Ergebnissen bestätigt werden.

1.3.2 Selbsterfüllende Prophezeiung in der Soziologie: die Theorie von Robert K. Merton

Nicht nur in der psychologischen Forschung ist die selbsterfüllende Prophezeiung ein wichtiges Konzept, sondern auch in der Soziologie. Robert K. Merton bemerkte, dass ein Glaube Konsequenzen mit sich bringen kann und dazu führt, dass sich der Glaube in der Realität bewahrheitet.

Viele Menschen sind sich nicht bewusst, dass ihr Glaube die darauf folgen-den Resultate verursacht und dass dies auf eine sich selbst erfüllende Prophezeiung zurückzuführen ist. Sie erwarten oder befürchten die Resultate eher aufgrund ihrer Selbstmotivation oder ihres (mangelnden) Selbstvertrauens.

So erklärt Michael Briggs (Assoziierter Professor für Soziologie, 2019), dass selbsterfüllende Prophezeiungen intrapersonale Prozesse beinhalten können (damit ist gemeint das der Glaube einer Person durch ihr eigenes Verhalten beeinflusst wird) und/oder zwischenmenschliche

Prozesse (das bedeutet das der Glaube einer Person das Verhalten eines anderen Menschen beeinflusst). Der Placebo-Effekt ist ein Beispiel für eine zwischenmenschliche, sich selbsterfüllende Prophezeiung, während die Erwartungen, dass ein Ehepartner betrügt, dazu führen können, dass dieser Ehepartner tatsächlich betrügt. Diese können als eine sich selbsterfüllende Prophezeiung betrachtet werden.

Die sich selbsterfüllende Prophezeiung kann sich auf verschiedenste Art und Weise manifestieren. Robert K. Merton war jedoch am meisten daran interessiert, herauszufinden wie sie sich in rassistischen Vorurteilen und Diskriminierungen auswirkt. So fand er heraus, dass Menschen mit Vorurteilen über Personen anderer „Rassen", diese vermutlich auch dementsprechend behandeln, sodass diese wiederum dazu ermutigt wurden, sich auf die Art und Weise zu verhalten, welche die Vorurteile ihnen gegenüber bestätigen würde.

Als Beispiel: Würden hellhäutige Menschen dunkelhäutige Menschen als intellektuell minderwertig betrachten, würden sie es auch vermeiden, mit ihnen über alle Themen zu sprechen, die als intellektuell angesehen werden könnten. So erhalten die Opfer dieser Denkweise keine Möglichkeit, mit den Vorurteilen aufzuräumen und das Gegenteil zu beweisen.

Es ist schon oft vorgekommen, dass bestimmte Bevölkerungsgruppen als intellektuell minderwertig behandelt wurden. Dadurch wird ihnen nicht die Möglichkeit gegeben, die anderen vergönnt sind. Sie werden ausgegrenzt – sie erhalten nicht die gleichen Möglichkeiten, ihr Wissen zu erweitern und können damit auch nicht ihre Fähigkeiten verbessern. Dadurch sinkt ihre durchschnittliche Leistung im Vergleich zu den privilegierten Bevölkerungsgruppen, sodass der Eindruck erweckt wird, dass sie tatsächlich intellektuell unterlegen sind.

Mit dieser Studie wurde auf die Idee hingewiesen, dass nicht nur unsere eigene Erwartung an uns selbst die Ergebnisse beeinflussen wird, sondern auch die Erwartungen, die wir an andere haben, was unsere Gedanken, Gefühle und unser Verhalten stark beeinflusst.

1.3.3 Pygmalion-Effekt

Ein klassisches Beispiel einer selbsterfüllenden Prophezeiung (des Pygmalion-Effekts) in der Bildung stammt von Rosenthals Studie über Lehrer und Schüler von 1968. In einem Experiment von Rosenthal und Jacobsen wurde herausgefunden, dass die Erwartungen, die Lehrer an ihre Schüler haben, sich auf deren Leistung auswirken – und zwar über alle inhärenten Unterschiede bezüglich Talent oder Intelligenz hinweg.

Dieses Experiment wurde an einer öffentlichen Grundschule durchgeführt. Es wurde eine zufällige Gruppe von Kindern ausgewählt. Den Lehrern wurde erklärt, dass diese Schüler den Harvard-Test für Inflected Acquisition absolviert hatten, dass sie als „Wachstumsschüler" mit sehr viel Potenzial eingestuft wurden und dass sie wohl innerhalb der nächsten Jahre ein großes intellektuelles Wachstum erleben würden.

Daraufhin wurden Leistungsdaten über alle Schüler gesammelt – sowohl von den „gewöhnlichen" als auch von den „Wachstumsschülern". Es zeigte sich, dass die „Wachstumsschüler", von denen die Lehrer erwartet hatten, dass sie gut abschneiden würden, tatsächlich größere Verbesserungen zeigten, als die „gewöhnlichen" Kinder. Dabei waren alle vermeintlichen „Wachstumsschüler" zuvor per Zufallsprinzip auserkoren worden.

Den Kindern wurden keine Informationen über die angeblichen Testergebnisse der Inflected Akquisition erteilt. Somit beruht die einzige Erklärung darauf, dass sich die Erwartung der Lehrer auf die Schülerleistung auswirkte.

W. J. 1. Thomas, der Dekan amerikanischer Soziologen, sagte: „Wenn Menschen Situationen als real definieren, sind sie real in ihren Folgen."

Wenn ein Student davon überzeugt ist, dass er zum Scheitern verurteilt ist, investiert er aufgrund seiner Angst mehr Zeit in seine Sorgen als in sein Studium. Und dies führt dann zu einer schlechten Leistung.

Dieser als Pygmalion-Effekt bekannte Effekt ist ein Beispiel für die sich selbst erfüllende Prophezeiung, die sich laut Rosenthal auf andere Dinge konzentriert.

„Wenn wir bestimmte Verhaltensweisen von anderen erwarten, werden wir wahrscheinlich so handeln, dass das erwartete Verhalten wahrscheinlicher wird." (Rosenthal & Babad, 1985)

Gegenteilig ist es ebenfalls der Fall – zum Beispiel, wenn ein Lehrer eine Warnung über einen Studenten oder Schüler erhielten, wegen seiner Unfähigkeit oder seines schlechten Verhaltens. Dies kann dazu führen, dass der Lehrer den Schüler unbeabsichtigt so behandelt, als sei dieser inkompetent, unintelligent oder ungehorsam. Auf den Schüler überträgt sich diese Annahme und Erwartung, sodass er beginnt, diese Überzeugungen so zu verinnerlichen, dass er auch dementsprechend handelt und die Überzeugung des Lehrers sich bestätigt.

„Aus der Untersuchung des Pygmalion-Effekts wissen wir, dass Personen, die als hart arbeitende und fähige Menschen behandelt werden, eher dazu neigen, hart zu arbeiten und an ihre eigenen Fähigkeiten zu glauben. Umgekehrt: wenn Menschen als unfreundlich oder intellektuell minderwertig behandelt werden, neigen sie eher dazu, unfreundlicher zu handeln oder an ihrer Intelligenz zu zweifeln und ihre tieferen Gedanken für sich zu behalten." *(Aaronson, 2005)*.

Gute Zitate können dazu beitragen, dass wir uns aus einer schlechten Stimmung befreien oder uns an eine einfache, aber schwer fassbare Wahrheit erinnern. Die untenstehenden Zitate können dabei behilflich sein, sich an die Wichtigkeit Ihrer eigenen Überzeugungen und Erwartungen hinsichtlich Ihrer Fähigkeiten zu erinnern.

William James:

„Es ist unsere Haltung am Anfang einer schwierigen Aufgabe, die vor allem einen erfolgreichen Erfolg beeinflusst."

Brian Tracy:

„Was auch immer wir mit Zuversicht erwarten, wird zu unserer eigenen sich selbsterfüllenden Prophezeiung."

Khang Kijarro Nguyen:

„Wenn Sie erwarten, dass die Schlacht unüberwindlich ist, haben Sie den Feind getroffen. Du bist es."

W.I. Thomas:

„Wenn Männer Situationen als real definieren, haben sie echte Konsequenzen."

1.3.4 Unterscheidung nach Paul Watzlawick

Laut Paul Watzlawick (Kommunikationswissenschaftler, Psychotherapeut, Psychoanalytiker, Soziologe, Philosoph und Autor) ist eine selbsterfüllende Prophezeiung eine Annahme oder Voraussage, die schon aus der Tatsache heraus, dass sie gemacht wurde, das Angenommene, Erwartete oder Vorhergesagte zur Wirklichkeit werden lässt und so die eigene Richtigkeit bestätigt. Ausschlaggebend für den Effekt der „sich selbst erfüllenden Prophezeiung" ist einerseits die positive Erwartung in Bezug auf das Kommende, denn dies erzeugt gegenüber Menschen ein wärmeres sozial-emotionales Klima. Das heißt, man verteilt mehr „Streicheleinheiten", gibt mehr Zuwendung, hört besser zu, beschäftigt sich intensiver mit dem Gegenüber, gibt mehr Lob, interessiert sich mehr für den Gesprächspartner.

Andererseits gibt man diesen Menschen mehr Informationen und stellt höhere Anforderungen und Erwartungen an sie. Das heißt wieder, dass man den anderen mehr zutraut. Das Problem bei der „sich selbsterfüllenden Prophezeiung" ist, dass es sich dabei häufig um negative Erwartungen handelt. Das heißt, es gibt diesen Effekt auch bei negativen Erwartungen, was man sehr oft in der Erziehung findet, sodass häufig eine Art Teufelskreis in Gang gesetzt wird. Man erwartet keine besonderen Leistungen und es kommt genauso.

Auch im Verkauf findet sich dieses Konzept laut Werner Stangl (Österreicher Psychologe). Wenn der Verkäufer ein positives Vorurteil gegenüber Kunden hat, schenkt er ihnen mehr Aufmerksamkeit (Blickkontakt, Lächeln, Platz anbieten). Es entsteht eine freundliche Stimmlage, der Verkäufer gibt den Kunden mehr Informationen, macht ihnen höherwertige Angebote, bietet ihnen mehr Service-Leistungen an und verhält sich offensiver in Bezug auf den Abschluss.

1.3.5. Auswirkung im Berufsleben

Wie schon im Abschnitt der Pygmalion-Effekt mit der Schüler-Lehrer-Beziehung beschrieben, verhält es sich auch mit Vorabinformationen über Bewerber. Beispielsweise können die Qualität der Bewerbungsunterlagen oder vorige Informationen über diesen Bewerber eine selbsterfüllende Prophezeiung auslösen.

So hat der Interviewer sich bereits im Vorwege eine Meinung über den Bewerber gebildet, sodass er während des Vorstellungsgesprächs dazu neigt, sich seine vorgeprägte Meinung über den Bewerber bestätigen zu lassen.

Des Weiteren kann aber auch die selbsterfüllende Prophezeiung am Arbeitsplatz selbst stattfinden. Zum Beispiel, wenn ein Mitarbeiter eine neue Aufgabe erhält, die außerhalb seines bisherigen Tätigkeitsfeldes liegt und glaubt, dass er es nicht schaffen und daran scheitern wird. Eventuell übersieht der Mitarbeiter dabei, dass er zu wenig Aufwand in das Projekt steckt und denkt deshalb, dass er sowieso daran scheitern wird. Anstatt andere um Hilfe und Unterstützung zu bitten, macht er weiter, bis das Projekt dann tatsächlich scheitert und sich im Denken bestätigt, dass er mit seiner negativen Prognose recht hatte.

Was wäre gewesen, wenn der Mitarbeiter eine andere Einstellung zu seinen Fähigkeiten und zu der neu zugewiesenen Aufgabe gehabt hätte? Natürlich könnte der Mitarbeiter bei der Ausübung einer neuen Aufgabe aufgeregt sein oder sich nervös fühlen, denn es gilt ja auch, neues Wissen zu erlernen und sich neue Fähigkeit anzueignen. Das entscheidende hier ist jedoch, dass der Mitarbeiter weiß, was er kann! Glaubt er, dass er es schaffen kann, wird diese Einstellung ihn eher zum Ziel führen.

Aber es kann am Arbeitsplatz auch zu zwischenmenschlichen Prozessen kommen, die zu einer selbsterfüllenden Prophezeiung führen können.

Beispielsweise dann, wenn Ihr Vorgesetzter Zweifel an einem Projekt hat und deshalb beschließt weniger Aufwand in das Projekt zu investieren, da er der Meinung ist, dass es eher erfolglos verlaufen wird. Dadurch verbindet er seine Angestellten nicht mit den Experten, die für dieses Projekt wichtig wären. Auch vernachlässigt er, sie in eine Schulung einzuschreiben, wo sie die erforderlichen Fähigkeiten zur Umsetzung des Projekts entwickelt hätten. Denn er ist der Meinung, dass es sich dabei um Zeitverschwendung und unnötige Ausgaben handelt. So erhält das Projekt nicht die notwendigen Ressourcen, um es erfolgreich abschließen zu können und ist zum Scheitern verurteilt. Jedoch ist es hier der Vorgesetzte, der dazu beigetragen hat, das Projekt scheitern zu lassen und nicht der Mitarbeiter selbst!

1.3.6 In zwischenmenschlichen Beziehungen

Sollte eine Frau sich mit einem Mann des Öfteren verabreden und im Glauben mit ihm ausgehen, dass er weder „Beziehungsmaterial" noch „Ehematerial" ist, wird sie diesem Mann nicht übermäßig viel Interesse und Zeit widmen und nicht sehr viel Gefühl in diese Beziehung investieren. Durch den Mangel an Gefühl, Zeit und Interesse könnte sie sich diesem Mann als unerreichbar und distanziert zeigen, sodass er vermutlich nicht lange bleiben würde. Sollte er dann gehen, so wird bei ihr der Gedanke bestätigt, dass er tatsächlich weder „Beziehungsmaterial" noch „Ehematerial" ist. Vermutlich bemerkt sie jedoch nicht, dass durch ihr Verhalten durch ihr Denken beeinflusst wurde, was dazu führte, dass ihr Annahme sich bestätigte.

Eine selbsterfüllende Prophezeiung kann aber auch Positives in Beziehungen herbeiführen. Sollte beispielsweise ein Mann mit einer Frau ausgehen, mit der er sich verbunden fühlt, so kann dies in ihm ein positives bestärkendes Gefühl auslösen, dass sie „die Eine" ist. Dies kann dazu führen, dass er die Beziehung als dauerhaft betrachtet und seine Partnerin dementsprechend mit Liebe und Respekt behandelt und viel Zeit und Energie in die Beziehung investiert, sodass beide Partner sehr erfüllt und glücklich miteinander sind.

Durch diese Liebe und Aufmerksamkeit des Partners wird der andere Partner zufrieden und glücklich sein, sodass dieser sich ebenfalls veranlasst fühlt, es ihm gleichzutun und seinerseits viel Zeit, Energie und Gefühl in die Beziehung zu investieren. Denn durch die Vorhersage, dass die Beziehung lang und glücklich sein wird, entsteht die Bereitschaft der Partner, sich entsprechend zu verhalten, sodass sich dies auch tatsächlich im Ergebnis manifestieren kann. Ein umgekehrtes Beispiel wäre, wenn ein Partner oder beide Partner nicht an eine lange und glückliche Beziehung glauben und sich dementsprechend verhalten.

Aber es kann natürlich auch wie in Kapitel 3. Auswirkung Im Berufsleben geschehen, dass ein Partner nicht an eine lange und glückliche Beziehung glaubt und sich auch dementsprechend verhalten wird.

Diese Beispiele zeigen, welche gravierenden Auswirkungen die selbsterfüllende Prophezeiung auf Beziehungen haben kann. Diese werden durch die Art und Weise unserer Kommunikation entweder verstärkt oder überhaupt erst hervorgerufen.

Unsere Überzeugungen, Vorurteile, Meinungen, Erwartungen oder Vorhersagen, die wir einem Menschen gegenüber hegen, beeinflussen unser Verhalten, sodass sie sich bewahrheiten. Nehmen wir an, uns wird eine Person vorgestellt, die uns zuvor als wunderbare, interessante und schillernde Persönlichkeit beschrieben wird. So werden wir mit hoher Wahrscheinlichkeit gern mit dieser Person sprechen, ihr gegenüber freundlich sein und viele Fragen stellen. Sollte diese Person unser Interesse wahrnehmen, so wird sie diese Bestätigung vermutlich genießen. Das kann dazu führen, dass unsere Fragen aufmerksam beantwortet werden und sich ein interessantes Gespräch entwickelt. Es kann natürlich sein, dass diese Person weder wunderbar noch interessant ist und schon gar keine schillernde Persönlichkeit. Doch durch die Aufmerksamkeit und das Interesse, das wir ihr schenken, fühlt sie sich so und verhält sich dementsprechend.

Auch wenn wir uns dessen nicht bewusst sind, werden alle Überzeugungen, Vorurteile, Meinungen, Erwartungen oder Vorhersagen an jemanden als Bestandteil mit in unsere Kommunikation einfließen.

Dies zeigt sich deutlich bei der Bildung und Verstärkung von Stereotypen. So kann es sein, dass eine Person sieht, hört oder etwas darüber liest, wie sich Personen einer bestimmten Nationalität verhalten und so zu einer globalen Annahme gelangen und sich ein Urteil über diese Gruppe bilden. Wenn sie dann eine Person dieser Nationalität sehen oder treffen, werden sie sich vermutlich ihrer Annahme entsprechend dieser Person gegenüber verhalten.

Prophezeiungen, die als Gerüchte getarnt sind, entwickeln eine Eigendynamik und verwirklichen sich. Dieses Mittel kann beispielsweise auch in der Politik eingesetzt werden.

Doch findet die selbsterfüllende Prophezeiung ihre Auswirkungen auch in der Wirtschaft. So kann beispielsweise die Vorhersage, dass Kartoffeln dieses Jahr teurer werden, das Verhalten der Menschen beeinflussen, weil sie deshalb beispielsweise davon ausgehen, dass die Kartoffeln knapper und teurer werden. So würden sie womöglich von vornherein weniger Kartoffeln anpflanzen, da sie mit ungünstigem Wetter für den Kartoffelanbau rechnen und somit auch eine geringere Kartoffelernte einfahren. So würde sich die Vorhersage, dass die Kartoffeln dieses Jahr knapper und teurer werden, auch erfüllen.

Quellenangabe:

http://scholar.google.de/scholar_url?url=http://entrepreneurscommunicate.pbworks.com/f/Merton.%252520Self%252520Fulfilling%252520Profecy.pdf&hl=de&sa=X&scisig=AAGBfmOPkcnnUc-a_HTOkGBJs-3z1mfHww&nossl=1&oi=scholarr T(he Self-fullfilling Prophecy from Robert K. Merton, zugegriffen 14.02.2011
(gelesen am 17.01.2019)

https://positivepsychologyprogram.com/self-fulfilling-prophecy/
(gelesen am 17.01.2019)

https://m.portal.hogrefe.com/dorsch/selbsterfuellende-prophezeiung-1/
(gelesen am 17.01.2019)

http://lexikon.stangl.eu/829/self-fullfilling-prophecy/
(gelesen am 17.01.2019)

Stangl, W. (2019). Sich selbst erfüllende Prophezeiung beim Kontakt mit Menschen. Werner Stangls Arbeitsblätter-News.
(gelesen am 17.01.2019)

http://arbeitsblaetter-news.stangl-taller.at/sich-selbst-erfuellende-prophezeiung/
(gelesen am 17.01.2019).

https://www.spektrum.de/lexikon/psychologie/sich-selbst-erfuellende-prophezeiung/14234
(gelesen am 17.01.2019)

Stangl, W. (2019). Stichwort: ‚self-fulfilling prophecy'. Online Lexikon für Psychologie und Pädagogik.

1.4 Die selbsterfüllende Prophezeiung in der Literatur

Jeder Mensch hat seine individuelle Art der Wahrnehmung und reagiert daher dementsprechend auf eine Situation. Dies führt dazu, dass sich mit der Reaktion auf die Situation auch die Erwartung auf deren Ausgang erfüllt.

In der Literatur wird die selbsterfüllende Prophezeiung als erzählerisches Werkzeug verwendet. Teilweise spiegelt sie die Ironie eines Protagonisten wieder, der durch seine Handlungen versucht, sie abzuwehren, sie aber genau deshalb erfüllt.

Im Folgenden erhalten Sie drei Beispiele aus der Literatur:

Beispiel 1: Ödipus Rex (von Sophokles):

Ödipus ist ein griechisches Drama, in dem ein König namens Laios seinen neugeborenen Sohn Ödipus verstieß, um diesen sterben zu lassen. Kurz zuvor hatte er vom Orakel von Delphi die Prophezeiung erhalten, dass der König eines Tages von seinem Sohn getötet würde und dieser die Königin – also seine eigene Mutter heiraten würde. Jedoch starb Ödipus nicht, sondern wurde vom König und der Königin von Korinth aufgezogen.

Während seiner Jugend erfuhr Ödipus von derselben Prophezeiung des Orakels von Delphi. Da ihm nicht bekannt war, dass der König und die Königin von Korinth nicht seine leiblichen Eltern waren, verließ er ihren Hof, damit sich die Prophezeiung nicht bewahrheiten kann. So reiste Ödipus durchs Land und gelangte schließlich nach Theben, in die Stadt seiner leiblichen Eltern. Hier erfüllte sich ironischerweise die Prophezeiung, welche er hatte abwenden wollen. Auf der Reise nach Theben erschlug der junge Mann während eines Streits unwissentlich seinen Vater Laios. In Theben angekommen besiegte Ödipus die gefürchtete Sphinx und erhielt zur Belohnung die verwitwete Königin Iokaste zur Frau und heiratete somit seine eigene Mutter.

Beispiel 2: Der ruinierte Mann, der durch einen Traum wieder reich wurde – aus Tausendundeiner Nacht (von Muhsin Mahdi):

In der morgenländischen Sammlung von Sagen aus „Tausendundeiner Nacht" wird verdeutlicht wie die selbst erfüllende Prophezeiung die Form eines sich selbst erfüllenden Traums annehmen kann.

Konkret geht es um die Geschichte eines ruinierten Mannes, der durch einen Traum wieder reich wurde. In seinem Traum wurde ihm mitgeteilt, dass er seine Heimatstadt Bagdad verlassen sollte, um nach Kairo zu reisen, wo er an einem bestimmten Platz einen verborgenen Schatz entdecken kann. Der Mann folgte der Aufforderung. Jedoch erlitt er auf dem Weg einige Unglücke, sodass er seinen Glauben an die Erfüllung seines Traumes verlor und im Gefängnis landete. Die Geschichte seines Traumes erzählt er einem Offizier. Dieser entgegnete ihm, dass er ein Dummkopf sei, nahm den Traum jedoch zur Kenntnis. Zusammen kehrten die beiden nach Bagdad zurück. Schlussendlich entdeckte der Offizier den versteckten Schatz im Haus des Mannes. So hätte sich die Prophezeiung erfüllen können, wenn der Mann weiterhin an sie geglaubt hätte.

Beispiel 3: Macbeth (von Shakespeare):

Auch in Shakespeares berühmtem Stück Macbeth findet sich ein Beispiel von der selbsterfüllenden Prophezeiung. Macbeth erhält von den drei Hexen die Prophezeiung, dass er ein König werden wird. Jedoch wird nach ihm der Sohn seines besten Freundes Banquo den Thron besteigen. So kam es, dass Macbeth König wurde. Dafür tötete er den amtierenden Herrscher Duncan und erfüllte so die erste Hälfte der Prophezeiung. Nun galt es nur noch, den Sohn seines Freundes Banquo vom Thron fernzuhalten. Also tötete Macbeth auch diesen und dessen Sohn Fleance.

Dennoch erfüllte sich der zweite Teil der Prophezeiung ebenfalls, da Macduff, der zweite Sohn seines besten Freundes Rache nahm, Macbeth erschlug und den Thron bestieg. Zu Zeiten Shakespeares verstand das Publikum die Erfüllung der Prophezeiung, da Macduff später von Jakob I.

von England, einem Nachkommen von Banquo, abgelöst wurde. Somit war die Prophezeiung erfüllt.

In der Literatur erhalten Leser oft einen klaren Einblick in die Handlungen und Motivationen der Protagonisten, wobei die selbsterfüllende Prophezeiung meist dazu genutzt wird, um ironische Situationen darzustellen. Auch kann der Leser die Handlungen der Charaktere so nachvollziehen und kann das Ergebnis vorhersehen und verstehen, obwohl die Charaktere verzweifelt versuchen, die selbsterfüllende Prophezeiung abzuwenden.

Quellenangabe:

https://literarydevices.net/self-fulfilling-prophecy/
(gelesen am 12. 01. 2019)

1.5 Die große Versammlung der Tiere

Einmal im Jahr gab es eine große Versammlung im Wald. Dann trafen sich alle Tiere in der Mitte des Waldes, an der großen Eiche wo einst der Blitz einschlug, im September zum Neumond.

Auch Oma Igel machte sich allein auf den Weg. Es war eine sehr lange und schwierige Strecke. Deshalb begab sie sich schon einige Tage zuvor auf den Weg, um pünktlich anzukommen. Sie war der festen Überzeugung, dass sie länger benötigen würde als der Rest ihrer Familie. Daher fürchtete sie, dass sie zu spät kommen und ihrer Familie nur zur Last fallen würde.

Auf dem Weg geschah es, dass sie einen Fuchs traf. Schnell rollte Oma Igel sich zur Kugel zusammen. Der Fuchs war neugierig und tastete mit seiner Pfote nach der Igel Dame. Doch diese war zum Schutz zusammengerollt und so pikste sich der Fuchs. „Aua, aua" schrie er und krümmte sich vor Schmerz. In seiner Pfote steckte nun ein Stachel. Weit und breit war niemand zu sehen, der ihm hätte helfen können und so musste er sich den Stachel selbst aus der Pfote ziehen. Danach konnte der Fuchs nicht sofort wieder laufen und musste sich erst einmal ausruhen. Oma Igel konnte vor lauter Angst vor dem Fuchs noch nicht weitergehen und so wartete sie zusammengerollt ab.

Am nächsten Tag verschwand der Fuchs und Oma Igel rollte ein wenig aus ihrer Kugel hervor. Sie sah, dass die Luft rein war und so setzte sie ihre Reise fort. Während sie lief, verdunkelte sich der Himmel und ein Sturm mitsamt Gewitter brach herein. So musste sich Oma Igel einen Unterschlupf unter einem Baum suchen. Jedoch schlug ein Blitz in den Baum ein und ein Ast fiel genau vor Oma Igels Unterstand. So war ihr der Weg versperrt. Mit ganzer Kraft und Ausdauer schaffte es Oma Igel erst nach einigen Tagen, den Ast weit genug wegzuschieben, um herauszuklettern und ihren Weg weiter zu gehen.

Als Oma Igel schließlich bei der großen Eiche ankam, war die Versammlung gerade beendet. Ihre Familie kam auf sie zugerannt: „Oma, wo warst du so lange? Du bist doch extra früh losgegangen."

„Ja, ich hatte befürchtet, zu spät zu kommen", antwortete Oma Igel. „Ich brauchte auch sehr lange. Denn zuerst traf ich einen Fuchs, vor dem ich mich zur Kugel zusammengerollt hatte. Dann zog ein Sturm mitsamt Gewitter herauf und ich musste mir einen Unterschlupf suchen. Und zu guter Letzt war mir der Weg versperrt, da ein Ast direkt vor mein Schlupfloch fiel. Oh, Kinder ich habe mehrere Tage benötigt, um an diesem Ast vorbeizukommen."

„Wenn du mit uns gegangen wärst, dann wäre dir das nicht passiert. Wir hätten uns alle untereinander geholfen."

„Ja, du hast ja Recht", sagte Oma Igel, „So wie ich befürchtet hatte, dass ich zu spät komme und es unbedingt verhindern wollte, so bin ich jetzt wirklich zu spät eingetroffen." Geknickt und traurig schaute Oma Igel zu Boden. Ihre Familie nahm sie in den Arm und tröstete sie. „Nächstes Jahr kommst du mit uns und wir werden gemeinsam zur Versammlung gehen." Und so traf auch diese Prophezeiung ein und Oma Igel verpasste keine Versammlung mehr, solange sie lebte.

2.
Falsche Interpretation bei der selbsterfüllenden Prophezeiung

2.1 Heuristische Fragestellungen

Auch heuristische Fragestellungen beeinflussen die selbsterfüllende Prophezeiung. Denn viele Menschen gehen davon aus, dass sie etwas, das sie jetzt nicht können, auch später nicht können werden. Im Klartext heißt das, dass sie ihre Wahrnehmung darauf ausrichten wie ihre jetzige Situation ist und daraus ableiten wie ihre zukünftige Situation sein wird. Ebenso glauben sie, dass sie Aufgaben, die ihnen jetzt nicht gelingen, auch in der Zukunft nicht bewältigen können, bzw. auch nicht in der Lage wären, sich zu steigern und schwierigere oder anspruchsvollere Aufgaben zu schaffen. Im Folgenden werde ich dies an einem Beispiel aufzeigen und eine geeignetere Methode vorstellen.

„Wenn ich jetzt schon mit meinem Haushalt überfordert bin und nicht organisieren kann – würde ich dann meine Selbstständigkeit noch zusätzlich schaffen?"

„Wenn ich jetzt schon zweifle und mir Sorgen mache: Was werden wohl die Anderen über mich denken? Es kann eine Garantie dafür sein, dass aus meinem Traum (oder was auch immer ich machen möchte) nichts wird."

Wenn Sie mit dem Gedanken an eine Aufgabe gehen, dass es sowieso nichts wird, werden sie sich auch dementsprechend verhalten.

Genauso nämlich erging es Lara. Sie war arbeitslos, hatte zwei Kinder, einen großen Garten und ein Haus zu pflegen. Noch hinzu kam, dass sie meistens schon mit dem Haushalt für vier Personen völlig überfordert war.

Nach vielem Suchen einer neuen Arbeitsstelle, welche nur in Teilzeit maximal 20 Stunden die Woche betragen sollte, wurde ihr ein Jobangebot unterbreitet, bei dem sie sich in Teilzeit selbstständig machen sollte.

Lara war sich aber unsicher ob sie es schaffen könnte. Da sie verunsichert war und stetig hin und her überlegte: „Soll ich es versuchen oder soll ich nicht?" wurde sie schlussendlich gefragt: „Wie hoch ist denn die Wahrscheinlichkeit, dass, wenn du jetzt schon mit Deinem Haushalt überfordert bist, Du dann auch Deine Selbstständigkeit schaffen würdest?"

Lara dachte, dass sie gestresst sei und verhielt sich auch dementsprechend. Dies fiel auch anderen Menschen auf. Sie war unsicher ob sie sich selbstständig machen sollte, überlegte hin und her und bekam die Rückmeldung bzw. Gegenfrage ob sie es wirklich schaffen würde.

Was wäre gewesen, wenn Lara anders gedacht hätte: „Ich bin gestresst mit meinem Haushalt, also was brauche ich dafür? Wo kann ich lernen, mich besser zu organisieren, evtl. Aufgaben abzugeben und meine Familie mit einzubinden?"

Was wäre, wenn sie durch diese Art des Denkens einen Coach gefunden, einen Kurs besucht oder vielleicht auch nur ein Buch darüber gelesen hätte? Dann hätte sie wohl gelernt, sich besser zu organisieren und Andere und vor allem sie selbst hätten dann geglaubt, dass sie es wirklich schaffen kann, sich in Teilzeit selbstständig zu machen. Doch durch ihre negative Fragestellung dachte sie eher daran, dass sie es nicht schaffen könne. Sie sah ihre aktuelle Situation als Beweis für ihr vermeintliches Unvermögen und unterließ den Schritt in die Selbstständigkeit.

Merke: Heuristische Fragen eignen sich sehr gut bei Entscheidungsfindungen und wenn Sie ein Vorhaben planen und nicht sicher sind, ob Sie von Ihrer Leistungsfähigkeit her Ihr Ziel auch erreichen können. Auch klärt es Unsicherheiten. Heuristische Fragen zeigen uns aufgrund des aktuellen Standes wie die Zukunft sein könnte und wie wir dementsprechend Strategien ausarbeiten können, um andere Ergebnisse zu erzielen.

→ Die heuristische Fragestellung lautet immer: Wenn das jetzt so ist... Wie gut wird mir das dann gelingen?

Hieraus können Sie erkennen, dass Sie bei nicht ausreichender Leistungsfähigkeit schlechte Ergebnisse erzielen. Hier empfiehlt es sich, Maßnahmenpläne zu erstellen. Folgende Fragestellungen können dabei helfen: Wie kann ich mein Ziel erreichen? Was brauche ich dafür? Wer kann mich unterstützen? Und so weiter.

Genau wie in dem Beispiel von Lara.

Damit lenken Sie Ihre Gedanken auch wieder darauf, dass Sie Ihr Ziel erreichen und die selbsterfüllende Prophezeiung wird sich positiv erfüllen.

2.2 Selbsterfüllende Prophezeiung bei Krankheit und wie sie krank machen kann

Viele Menschen glauben, dass die ständige Furcht vor einer Krankheit und die permanente Auseinandersetzung mit der Angst, krank zu werden, unweigerlich dazu führen könne, tatsächlich zu erkranken.

Umgekehrt wird von Vielen angenommen, dass allein durch positives Denken Unheil abgewendet werden könne. Demnach müsse man sich nur auf Gesundheit „programmieren" und das eigene Unterbewusstsein davon überzeugen, um Heilung zu erfahren und die Gesundheit zu erhalten.

„Da fürchtet man sich vor der Schweinegrippe und bekommt überraschend die Masern. Man kann tief davon überzeugt sein, gesund zu sein, während im Verborgenen bereits ein Tumor wächst – oder umgekehrt: Manch ein Hypochonder ist überzeugt davon, schwer krank zu sein, während er sich 100 Jahre lang bester Gesundheit erfreut."
(Psychoanalyse tut gut, Psychosozial-Verlag 2011, S. 164)

Es gibt nun einmal Dinge, die wir nicht selbst steuern können. Zum Beispiel einen schweren Unfall mit daraus folgender Querschnittslähmung. Auch unheilbare oder chronische Krankheiten zu verhindern, liegt nicht in unserer Macht.

Allerdings kann uns die selbsterfüllende Prophezeiung dabei helfen, besser damit umzugehen. Dazu sollten wir uns auf eine Besserung konzentrieren und nicht auf die Krankheit selbst und einen besseren Umgang mit der Krankheit anstreben. Statt diese nur als Leid anzusehen, sollten wir lieber schauen, was sich dadurch verändert hat. Als Coach empfehle ich zu diesem Zweck die Methode des Reframings – die Umdeutung „wofür ist es gut".

Ich bin selbst erkrankt und konnte meinen alten Beruf in der Gastronomie nicht mehr ausüben. Doch durch diesen Umstand habe ich mich beruflich und persönlich stets weiterentwickelt und mir neue Fähigkeiten erschlossen und verborgene Talente entdeckt. Auch zog ich in der Folgezeit in eine andere Stadt, wo ich neue Menschen kennenlernte und meinen Horizont erweiterte. Ich eignete mir ganz neue Charaktereigenschaften an. Durch meine zahlreichen Weiterbildungen, Ausbildungen, Fernstudien und die damit verbundenen Erkenntnisse gelangte ich schließlich zu diesem Buch, welches Sie gerade in den Händen halten. Und aus dieser Sicht war es letztlich sogar gut, dass ich meinen alten Beruf nicht mehr ausüben konnte.

Zwangsstörung

Bei der selbsterfüllenden Prophezeiung ist ganz besondere Vorsicht bei Patienten mit Zwangsstörung geboten!

Die Zwangserkrankung ist eine psychische Störung und ist daran zu erkennen, dass die Betroffenen immer wiederkehrende unerwünschte Gedanken (Obsessionen) haben sowie zwanghafte Handlungen ausüben. Auch leiden sie unter zwanghaften Vorstellungen oder Handlungen – zum Beispiel müssen sie noch etliche Male überprüfen, ob eine gerade erst eigenhändig abgeschlossene Haustür auch wirklich sicher verschlossen ist.

Doch Vorsicht! Wenn jemand nur gestresst und mit den Gedanken nicht bei der Sache ist und sich daher gerade nicht bewusst war, dass er die Tür abgeschlossen hat und dann nochmal zurückkehrt, um zu überprüfen ob die Tür tatsächlich zu ist, können wir noch nicht von einer Zwangsstörung sprechen. Denn dieses Verhalten besitzen viele Menschen, die unter Leistungsdruck und erhöhtem Stress stehen. In diesem Fall werden Alltagshandlungen wie das Abschließen der Haustür nicht immer aktiv wahrgenommen und im Gehirn abgespeichert.

Zu beachten ist, dass erst von einer Zwangsstörung gesprochen wird, wenn sich solches Verhalten andauernd wiederholt und ein Übermaß annimmt, sodass die Betroffenen in ihrem Alltag stark beeinträchtigt sind und unter den sich wiederholenden Handlungen leiden.

Weitere Symptome von Patienten mit Zwangsstörungen sind Zwangsgedanken und Zwangshandlungen. Zwangsgedanken sind Vorstellungen, Gedanken oder Impulse, welche die Betroffenen als Unsinn und Übertreibung wahrnehmen. Sie geben nicht die eigene Meinung wieder, drängen sich jedoch immer wieder auf. In den Betroffenen werden unangenehme Gefühle wie Ängste, Unbehagen oder Ekel ausgelöst.

Zwangshandlungen bestehen aus sich immer wiederholenden Verhaltensweisen, die oft jedes Mal gleich ablaufen und zu denen sich die Betroffenen gedrängt fühlen. Sie fühlen sich sogar dazu gedrängt, obwohl diese Handlungen als übertrieben oder sinnlos erkannt wurden. Doch sie werden ausgeführt, um die Ängste, das Unbehagen oder den Ekel zu verringern, welche durch die Zwangsgedanken ausgelöst wurden.

Aber auch die selbsterfüllende Prophezeiung kann zur Krankheit werden. Es gibt Patienten, die glauben, dass ihre Gedanken nicht frei sind oder dass ihre Gedanken magische Kräfte haben. Auch sind sie ängstlich, dass ein Unglück geschieht, wenn sie jemandem den sie nicht mögen, etwas Böses wünschen. Oft glauben sie, dass Unheil bzw. Unglück eintritt, wenn sie dann nicht sofort auf Holz klopfen.

In einer Psychotherapie lernen Betroffene, dass Denken und Tun, innere Realität und äußere Realität zwei verschiedene Dinge sind und dass die Gedanken nicht so viel Kraft haben wie sie dachten.

Aberglaube bei der selbsterfüllenden Prophezeiung

Nach wie vor gibt es noch viele Kulturen, die davon ausgehen, dass es eine Art magisches Denken oder Verwünschungen gibt. Dies kann Betroffenen sehr viel Leid bescheren sowie Ängste hervorrufen.

Letzten Endes erfährt jeder selbst, was stimmt und was nicht. Wenn Sie glauben, dass eine schwarze Katze Ihnen vor die Füße läuft und Sie deshalb Unglück haben werden, dann wird sich dieser Gedanke auf Ihr Verhalten auswirken und Sie werden durch Ihr Verhalten das befürchtete Ergebnis erzielen. So kommt es dann, dass Ihr Gedanke, dass die Katze Ihnen Unheil bringt, sich selbst erfüllt.

Quellenangabe:

https://www.medizin-im-text.de/blog/2014/19308/selffulfilling-prophecy-ein-missverstandlicher-begriff/
(gelesen am 17.01.2019)

https://www.neurologen-und-psychiater-im-netz.org/psychiatrie-psychosomatikpsychotherapie/erkrankungen/zwangserkrankungen/was-sind-zwangserkrankungen/
(gelesen am 17.01.2019)

2.3 Placebo

Auch der sogenannte Placebo-Effekt *(Isaksen, 2012)* kann eine Rolle bei der selbsterfüllenden Prophezeiung spielen.

So fanden Psychologen Beweise, dass unsere Überzeugungen und Erwartungshaltungen eine Auswirkung auf das tatsächlich erlebte Ergebnis haben können.

Wenn wir davon ausgehen, dass ein Ergebnis sich verbessert oder die gewünschte Wirkung einer Behandlung oder eines Medikaments durch den bloßen Glauben daran eintritt, sprechen wir vom Placebo-Effekt. Daher werden bei dermatologischen Tests sowie in der Forschung meistens zwei parallele Untersuchen durchgeführt. Bei der Untersuchung von zwei Personengruppen erhält die eine Probandengruppe ein Medikament und die andere Probandengruppe bloßen Traubenzucker, welcher als Medikament ausgezeichnet ist. Der Traubenzucker ist das Placebo. Durch dieses Verfahren soll sichergestellt werden, ob eine wirkliche Heilung eintritt.

In vielen Experimenten wurde gezeigt, dass allein der Glaube an die Wirksamkeit eines Medikaments eine sehr wirksame Heilmethode sein kann.

Hat man die Erwartung, dass ein bestimmtes Medikament eine heilsame Wirkung besitzt – auch wenn es tatsächlich nur ein Placebo ist – besteht eine hohe Chance, dass diese Annahme sich in der selbsterfüllenden Prophezeiung bestätigt.

2.4 Aggression und Aggressivität bei Kindern

Unter Aggression wird eine Handlung verstanden, welcher die Absicht zu Grunde liegt, eine Person psychisch oder physisch zu verletzen oder anderweitig zu schädigen.

Dagegen bezeichnet man Aggressivität als ein Persönlichkeitsmerkmal – es ist die Eigenschaft oder Disposition, aggressiv zu reagieren.

Anders als bei Erwachsenen lässt sich bei Kindern oft eine gespielte Aggression beobachten.

Diese kindlichen Verhaltensmuster sind von ernsthaften Aggressionen zu unterscheiden!

Denn tatsächlich liegt hier keine Absicht zur Schädigung vor, sondern eine reine Spielhandlung!

Die Übungen und Beispiele zur selbsterfüllenden Prophezeiung lassen sich von daher nicht auf Kinder, welche nur spielen, ableiten!

Quellenangabe:

S.712 Zimbardo, Gerrig, Psychologie, 7.Auflage, Springer-Verlag ISBN 3-540-64633-7

2.5 Ängste verbunden mit Denk-und Glaubensmustern

In diesem Kapitel möchte ich kurz erklären, dass Gedanken auch Ängste und/oder Panik hervorrufen können. Im Folgenden werde ich ihnen einige Beispiele dafür nennen:

2.5.1 Angst vor Liebe

Wenn Sie Angst haben, nicht geliebt zu werden, werden Sie häufig auch nicht erkennen können, wenn Sie doch geliebt werden und diese Gefühle dann auch abstoßen.

Menschen, die Ihnen wohlgesonnen sind und Gefühle für sie haben, werden Sie dann vermutlich abwehren und die Liebe, die Ihnen entgegengebracht wird, kann nicht entgegengenommen werden.

Ihre Mitmenschen werden sich dann vor den Kopf gestoßen fühlen und sich von Ihnen zurückziehen. Die Folge ist: Sie sind allein und haben das Gefühl, dass niemand Sie liebt. Wenn diese Angst so stark ist, dass sie Ihr Leben beeinflusst, sollten Sie sich therapeutische Hilfe suchen.

2.5.2 Angst vor Hässlichkeit

Ein anderes Beispiel ist die Angst davor, hässlich (Dysmorphobie) zu sein, denn dadurch werden Sie Ihren eigenen Körper abstoßend finden und ihn auch dementsprechend behandeln. Dies kann über mehrere Jahre hinweg enorme Auswirkungen haben. Es beeinträchtigt sehr stark das Erscheinungsbild, die Ausstrahlung sowie die Wirkung auf Ihre Mitmenschen. Wenn diese ablehnend reagieren, wird das Gefühl hässlich zu sein, in Ihren Gedanken bestätigt.

Es gibt aber auch eine schwächere Form, in der die Betroffenen ebenfalls Angst davor haben, nicht gut auszusehen. Sie müssen ständig ihr Äußeres überprüfen, alles dreht sich nur noch um ihr Aussehen. Sie verbringen fast ihre ganze Zeit damit, sich zurecht zu machen, aus Angst, nicht ihrem eigenen Ideal zu genügen.

2.5.3 Versagensangst

Die Angst, zu versagen, kann dazu führen, dass wir uns enorm unter Druck setzen, sodass wir dann mit körperlichen Reaktionen auf den Druck reagieren. Der Glaube, es nicht schaffen zu können, sich vor den Folgen des Versagens so sehr zu fürchten, kann dazu führen, dass körperliche Beeinträchtigungen entstehen – zum Beispiel schlaflose Nächte, psychosomatische Beschwerden, aber auch Blackout, usw. Und diese Beeinträchtigungen können dazu führen, dass das gewünschte Ergebnis nicht eintrifft und es tatsächlich zu einem Scheitern kommt. Versagensängste können aber auch soweit gehen, dass sie uns davon abhalten, gewisse Dinge zu tun. Oder wir veranlassen Andere dazu, sie zu tun – zum Beispiel unsere Kinder.

2.5.4 Angst vor dem Alleinsein

Wenn jemand Angst davor hat allein zu sein, dann wird diese Person alles dafür tun, um mit anderen Menschen zusammen zu sein. Auch wenn diese Menschen ihr eigentlich nicht gut tun oder ihr sogar schaden.

Es gibt viele Arten von Ängsten, Angstzuständen und Panikattacken, die ernst zu nehmen sind! Sie haben nichts mit einem Ergebnis einer selbsterfüllenden Prophezeiung zu tun. Meine Bitte an Sie bzw. für Ihren Nächsten: Holen Sie sich fachmännische Hilfe!

Merke: Immer dann, wenn Denk-und Glaubenssätze mit Ängsten, Angstzuständen und/oder Panikattacken eintreten, ist eine Therapie sinnvoll. Ich empfehle Ihnen, wenn Sie unsicher darüber sind, sofort einen Therapeuten aufzusuchen, können Sie vorab auch erst einmal mit Ihrem Hausarzt sprechen.

3.
Auswirkungen bei der selbsterfüllenden Prophezeiung

3.1 Selbsterfüllende Prophezeiung beim Sport

3.1.1.Mannschaftssport

Auch beim Sport spielt die selbsterfüllende Prophezeiung eine Rolle. Nehmen wir zum Beispiel den Lieblingssport der Deutschen: den Fußball. Die Vorhersagen, die von der Presse ausgehen, können sowohl das Publikum beeinflussen wie den Trainer und die Spieler auf dem Platz. Wenn beispielsweise Schlagzeilen gemacht werden wie: „Aussichtslos im Abstiegskampf" oder „die Wetten stehen bei 1:2". Aber auch positive Vorhersagen und Schlagzeilen wie: „Heute hauen wir sie weg" oder „Mannschaft im Höhenflug – wen schlagen wir als Nächstes?" bleiben im Unterbewusstsein hängen.

Die Vorhersagen der Presse können eine ganze Fangemeinde beeinflussen. Entweder sie motivieren und feuern ihre Favoriten mehr an oder zu wenig oder verhöhnen und beleidigen sie sogar. Wenn sie befürchten, dass Ihr Favorit verliert, wie verhalten Sie sich? Glauben Sie dann trotzdem an ihn? Unterstützen sie ihn?

Und wie verhalten Sie sich, wenn Sie an Ihren Favoriten glauben?

So beeinflussen uns Schlagzeilen mit den Meinungen anderer Menschen und wir übernehmen diese Denkweisen und verhalten uns dementsprechend. Ein Trainer, der beispielsweise ein Team oder nur einen einzelnen Spieler coachen soll, wird in seinem Verhalten ebenfalls durch solche Aussagen beeinflusst. Werden seitens der Presse positive Erwartungen verbreitet, so wird er eher nochmals auf vergangene Erfolge eingehen, die Motivation fördern, loben und eine Siegermentalität schaffen. Seine Erwartungshaltung, dass die Mannschaft gewinnen wird, wird sich auch auf die Spieler übertragen.

3.1.2. Spieler

Nehmen wir an, Sie wären ein Spieler oder eine Spielerin. Sie sind gerade noch einmal alle Strategien mit Ihrem Coach durchgegangen und wurden mit dem Mindset ausgestattet, dass der vorgegebene Plan zum Sieg führen wird. Dafür müssen Sie den Plan auf dem Spielfeld ausführen. Wie würden Sie sich dann als Spieler verhalten? Natürlich wird sich diese Mentalität auf Ihre Denkweise und Ihr Verhalten übertragen und sich in der selbsterfüllenden Prophezeiung bewahrheiten.

Oder andersherum: Was wäre, wenn Sie ein Spieler wären, der zuletzt verloren hatte oder mit seiner Mannschaft eines oder gar mehrere Spiele verloren gegangen wären. Und die Presse hätte darüber folgendermaßen berichtet: „Wir sind gespannt, ob die Mannschaft ihre Ergebnisse wieder verbessern kann. Gegen das Team X haben sie wohl keine Chance. So wie sie das letzte Mal gespielt haben, ist davon auszugehen, dass auch diesmal eine böse Enttäuschung bevorsteht."

Natürlich überträgt sich diese Erwartungshaltung der Medien auch auf Ihren Coach. Wenn er sich nicht selbst motivieren und die schlechte Presse wieder abschütteln konnte, wird sich dies auch auf sein Verhalten Ihnen gegenüber äußern. Vielleicht wäre er deshalb ganz besonders streng zu Ihnen. Vielleicht würde er deshalb weniger auf Ihre Stärken eingehen und sich mehr auf Ihre Schwächen konzentrieren. Und dies wiederum würde Sie als Spieler noch mehr demotivieren. Mit diesem Gefühl der Demotivation würden Sie dann aufs Spielfeld gehen. Mit Gedanken des Versagens, des „ich habe letztes Mal schon verloren, der Gegner ist besser als ich" – könnten Sie damit gut spielen?

Merke: Wo erst ein negativer Gedanke ist, folgt schnell der nächste. Wer hier nicht aufpasst, rutscht schnell in ein Gedankenkarussell – auch bekannt als Gedankenspirale. Die Folge ist, dass nur noch negativ gedacht wird.

Fazit: Nicht nur, dass sich negatives Denken im Verhalten äußert, indem beispielsweise zu wenig gekämpft wird und/oder indem zu wenig Selbstmotivation stattfindet. Sie verhalten sich auch unbewusst wie ein Verlierer. Daher wird sich auch in diesem Fall die selbsterfüllende Prophezeiung erfüllen.

3.1.3. Fitness im Alter

Viele Menschen glauben, dass mit zunehmendem Alter ihre körperliche Fitness automatisch nachlässt. Manche glauben auch, dass sie, wenn sie jahrelang keinen Sport gemacht haben, zu alt seien, um noch damit anzufangen. Solche Einstellungen erfüllen sich ebenfalls in der selbsterfüllenden Prophezeiung. Viele, die aufgrund von Rückenproblemen von ihrem Arzt Rückengymnastik verschrieben bekommen, gehen dann zu einem Rückensportkurs. Dieser findet für gewöhnlich einmal wöchentlich statt. Auf einmal sollen diese Menschen dann einmal pro Woche 60 Minuten lang ausgiebige Rückengymnastik-Übungen betreiben. Was sie zuvor jedoch nie taten. Am nächsten Tag haben sie dann vermehrt Muskelkater, da die Muskeln lange nicht mehr so beansprucht worden waren. Die Betroffenen fühlen sich dann in ihrer selbsterfüllenden Prophezeiung bestätigt, dass sie zu alt und altersbedingt zu ungelenkig für Sport seien. Denn sie können sich vermutlich die nächsten Tage kaum oder gar nicht mehr bewegen und haben noch mehr Schmerzen als zuvor. Aus eigener Erfahrung weiß ich, dass es nach einem Rückenleiden besser ist, täglich mit einigen Minuten Rückengymnastik anzufangen und langsam die Muskeln aufzubauen. Das Trainingspensum kann später langsam erhöht werden. Das ist besser, als es gleich zu übertreiben und ansatzlos unglaublich viel zu tun.

Der Sportmediziner Prof. Dieter Leyk untersuchte in einer Langzeitstudie die Laufleistungen von einer halben Million Langstreckenläufern im Alter von 20 bis 80 Jahren. Das Ergebnis war, dass vor dem 55. Lebensjahr keine nennenswerten Leistungsverluste auftreten. „Etwa ein Viertel der 60- bis 70-jährigen Seniorensportler ist sogar schneller als die Hälfte der 20- bis 50-Jährigen", hieß es in der Studie.

„Ein Drittel der 50- bis 60-Jährigen und ein Viertel der 60- bis 70-Jährigen haben beispielsweise erst innerhalb der letzten fünf Jahre mit regelmäßigem Training begonnen".

Das Ergebnis wurde von den Sportmedizinern zusammengefasst: „Auch ältere Nicht-Sportler können durch regelmäßiges Training bemerkenswerte Leistungssteigerungen und eine Vielzahl gesundheitlich positiver Effekte erzielen." So sei es fast nie zu spät, um mit dem Sport anzufangen. Es gibt eine vielseitige Auswahl an Sportarten – und sei es, dass Sie mit schnellem Gehen anfangen und langsam eine stetige Routine aufbauen.

Merke: Die selbsterfüllende Prophezeiung spielt im Sport eine große Rolle. Jeder, der schon mal einen Marathon mitlief und dafür monatelang trainierte, hat unbewusst dieses Prinzip angewandt. Mit Gedanken wie: „Ich schaffe das! Ich werde gewinnen! Das nächste Mal schaffe ich mehr!" Solche Gedanken äußern sich in unserem Verhalten und erfüllen sich in der selbsterfüllenden Prophezeiung.

Quellenangabe:

https://www.t-online.de/gesundheit/fitness/id_43518528/fitness-erst-mit-55-jahren-geht-s-bergab.html
(gelesen am 20.02.2019)

3.2 Selbsterfüllende Prophezeiung in der Erziehung

Eltern kennen ihr Kind sehr genau, vom Scheitel bis zur Sohle und haben auch im Umgang schon eine Menge an Erfahrungen mit ihm gesammelt. Das kann oft dazu führen, dass sie meinen, alles besser zu wissen. Aber auch dazu, dass sie Vorhersagen treffen und genau wissen, was als nächstes passieren wird.

Vielleicht kennen Sie es aus Ihrer eigenen Kindheit noch, dass Ihre Eltern Ihnen etwas vorhielten.

„Wenn Du das nicht machst, dann wirst Du…"
"Ich wusste ganz genau, dass Du es nicht schaffen wirst."
„Hab ich doch gleich gewusst, dass…"
„Das wirst Du sowieso nicht mögen."

Oder aber auch Sätze wie: „Ich wusste, dass es nichts für Dich ist."

Wir selbst neigen im Umgang mit Kindern zu solchen Bemerkungen. Sei es, ob sie ihre Hausaufgaben vergessen haben oder sich mal wieder eine Wunde beim Fahrradfahren zugezogen haben. Oder wenn die Kinder ohne Jacke rausgehen – dann werden sie morgen bestimmt mit einer schweren Grippe im Bett liegen und deshalb in der Schule nicht mehr mitkommen und am Ende gar schlechte Schulnoten bekommen.

Aber auch die Art und Weise wie Kinder sich verhalten werden und welche Ergebnisse aus ihrem Verhalten resultieren, scheinen Erwachsene oft im Vorfeld zu wissen: „Erstaunlich, dass die Lehrerin Dir noch eine 3 gegeben hat." „Mich wundert es nicht, dass Du nachsitzen musstest." „Kein Wunder, dass Du zum Schuldirektor musstest." „Wer Dich kennt, wundert sich nicht darüber, dass Du sitzenbleibst."

Welche Sätze fallen Ihnen dazu noch ein?

Nicht nur, dass solche Bemerkungen für das Kind nervtötend und unverständlich sind. Dieses Verhalten der Eltern kann auch fatale Folgen haben. Denn es kann dazu führen, dass die Bemerkungen sich bewahrheiten und die Kinder sich genauso verhalten wie sie es vorausgesagt haben. Durch die Erwartungshaltung der Eltern werden sich selbst erfüllende Prophezeiungen bewahrheitet. Als sei alles schon festgelegt und keine weitere Chance mehr gegeben, um in eine andere Richtung zu steuern. So verhält sich das Kind entsprechend der Erwartung.

Glücklicherweise manifestieren sich nicht nur negative selbsterfüllende Prophezeiungen, sondern auch positive! Indem zum Beispiel Eltern ihrem Kind mit Ruhe und Gelassenheit Erfreuliches signalisieren und dadurch ebenfalls Erwartungen in den Kind wecken, welche sich dann erfüllen.

Dies gelingt zum Beispiel durch Sätze wie: „Du schaffst das", „Ich glaube an Dich", „Ich weiß, dass Du das schnell lernen wirst", „Du wirst schnell neue Freunde finden" oder „Ich bin mir sicher, dass Du Dich schnell in Deiner neuen Schule eingewöhnst."

Welche positiven Sätze fallen Ihnen dazu ein?

Das Kind wird durch solch positive Prophezeiungen in seinem Selbstvertrauen gestärkt und dazu motiviert, an sich zu glauben. Durch den Glauben an sich selbst kann es Berge versetzen. Aber auch die Erfahrung, dass andere Menschen an sie glauben, stärkt Zuversicht und Motivation der Kinder.

Quellenangabe:

S.197-198 Das Lexikon für Eltern, Alles, was Sie über Erziehung wissen sollten von Cornelia Nitsch, Mosaik bei Goldmann, 1.Auflage von 2005, ISBN 3-442-16422-2

3.3 Bei der Wahrsagerei

Die selbsterfüllende Prophezeiung findet auch in der Wahrsagerei statt. Denn auch hier werden Vorhersagen getroffen, die unser Denken beeinflussen und somit eine Auswirkung auf unser Verhalten haben. Dementsprechend tritt dann auch die Vorhersage aus der Wahrsagerei ein.

Ob eine Kugel oder das Pendel befragt werden, aus der Hand oder den Karten gelesen wird, ein Horoskop erstellt wird oder hellseherische Fähigkeiten zu Tage kommen – es geht dem Menschen schon immer darum, sein Schicksal zu ergründen. Auch die Deutung von Symbolen wie zum Beispiel wie im alten Brauch des Bleigießens, soll darauf schließen lassen, was in der Zukunft zu erwarten ist. Gerade beim Pendeln oder dem Legen eigener Karten wirkt sich unser Unterbewusstsein enorm auf das Ergebnis aus.

Wird ein Wahrsager oder eine Wahrsagerin befragt, so kann eine Auskunft erteilt werden. Zum Beispiel, dass der Weg auf dem sich die fragende Person jetzt gerade befindet, sie nicht zu ihrem Ex-Partner zurückführen wird, da sie noch Groll und Zorn gegen ihn hegt, was eine Versöhnung unmöglich macht. Solche Aussagen eines Wahrsagers können dazu führen, dass Sie Ihr eigenes Denken hinterfragen und es gegebenenfalls verändern. Somit würde sich auch Ihr Verhalten gegenüber dem Ex-Partner entsprechend verändern und das vorhergesagte Ergebnis könnte eintreffen.

Oft tritt die Vorhersage aus der Wahrsagerei jedoch nicht ein, wenn das Verhalten und die Einstellung dazu verändert werden. Wurde beispielsweise vorhergesagt, dass eine Prüfung bestanden wird und danach von der Person nicht weiter dafür gelernt wurde, führte das Verhalten zum Scheitern bei der Prüfung.

Die Wahrsagerin hätte noch dazusagen sollen, dass das bisherige Verhalten beibehalten werden muss, um zu einem erfolgreichen Ergebnis zu kommen und die Prüfung zu bestehen. Jetzt werden viele von Ihnen sagen: „Ja, das könnte ich auch. Dafür muss ich nicht unbedingt zu einem Wahrsager gehen."

Tatsächlich können Karten noch viel mehr. Es gibt Menschen, die daraus lesen können, ob gewisse Personen einen unterstützen oder eher schaden oder welche bisher unbewussten Gedanken Einfluss auf uns nehmen könnten.

Mit diesem neuen Wissen werden wir dann auch in unseren Alltag gehen und entweder abwertend auf die Vorhersagen reagieren, entsprechende Maßnahmen planen, um andere Ergebnisse als die vorhergesagten zu erzielen oder uns weiterhin so verhalten wie gehabt, wenn uns bestätigt wurde, dass dieses Verhalten richtig ist und zum erwünschten Ergebnis führen wird.

Es ist faszinierend, dass sehr gute Wahrsager auch Vergangene sehen oder aus Gegenständen wie beispielsweise Spielkarten lesen können. Bei Kunden kann jedoch Skepsis entstehen, wenn sie nach detaillierten Angaben ihrer aktuellen Situation befragt werden und die Deutung des Wahrsagens sich exakt auf die zuvor gestellten Fragen zurückführen lässt.

Genauso kann es sein, dass sie ein besseres Verständnis für die fragende Person benötigen, um die Karten richtig zu lesen. Und wenn in den Karten beispielsweise steht, dass die fragende Person mehrere Verehrer hat und von daher den Karten nicht glaubt und dem Wahrsager widerspricht, so kann der Zukunftsdeuter noch tiefgründiger auf den Ratsuchenden eingehen.

Oft ist es so, dass wir eine andere Wahrnehmung haben als unsere Mitmenschen und uns manche Dinge verborgen sind, die jedoch von anderen Personen wahrgenommen werden. Natürlich geschieht dies umgekehrt genauso. Dies liegt auch an der Eigen- und Fremdwahrnehmung. Das, was wir selbst nicht wahrnehmen, ist uns unbewusst. Dies kann auch dazu führen, dass wir Vorkommnisse anders wahrnehmen als sie sich tatsächlich abgespielt haben. Auch hier kann bei einer Wahrsagung darauf eingegangen werden.

Von daher ist die Wahrsagerei eine sehr faszinierende Angelegenheit. Denn wenn der Fragende davon ausgeht, dass die Weissagungen sowieso Humbug und reine Geldverschwendung sind, wird er sich auch dementsprechend gegenüber dem Wahrsager und gegenüber der

Weissagung verhalten. Das Ergebnis wird dann der selbsterfüllenden Prophezeiung entsprechend ausfallen.

Das gleiche gilt umgekehrt: wenn der Fragende an die Legung glaubt, wird er sich auch dementsprechend verhalten. Das heißt dass er mit seinem Denken das das die Wahrsagerei eintreffen wird, sich auch dementsprechend verhält. Fatal ist es nur, wenn etwas vorausgesagt wird, ohne zu erwähnen wie das Ziel erreicht werden wird und die fragende Person in einem abwartend passiven Zustand verharrt, weshalb das gewünschte Ergebnis nicht eintreffen kann.

Ein paar Beispiele: Sie hätten die Initiative ergreifen müssen, um ein Date zu bekommen, oder Sie hätten Tag und Nacht für eine Prüfung lernen müssen, um diese zu bestehen. Jedoch haben Sie dies nicht getan, da Sie davon ausgegangen sind, dass das gewünschte Ergebnis von alleine eintritt. In solchen Fällen konnte sich die Wahrsagerei dann nicht erfüllen und natürlich auch ihr Denken, das es sich erfüllt nicht eintreffen.

3.3.2 Aberglaube

So verhält es sich auch mit dem Aberglauben. Dieser ist so alt wie die Menschheit selbst. Schon immer hat der Mensch an etwas geglaubt. Sei es, weil ihm sein Glaube Mut, Zuversicht, Hoffnung, Selbstvertrauen und Selbstbewusstsein gibt oder einfach nur deshalb, weil sie das Wissen über den Aberglauben von klein auf so vorgelebt bekamen und es übernommen haben.

Was glauben Sie, wenn eine schwarze Katze von links nach rechts läuft? Viele Menschen meinen, das bringt Unglück. Oder war es doch von rechts nach links? Wenn Sie solche Gedanken haben und dennoch den Weg weiter gehen, dann wird auch hier die selbsterfüllende Prophezeiung aktiv. Denn Sie haben ja schon den Gedanken, dass jetzt etwas schief gehen wird im Kopf. Schließlich ist ihnen eine Katze von links nach rechts (oder von rechts nach links) über den Weg gelaufen. Und Sie haben sich nun schon mit dem Gedanken, dass jetzt etwas schief laufen wird, programmiert. So werden Sie sich nun bewusst oder unbewusst auch so verhalten oder Ihre Wahrnehmung darauf ausrichten, dass etwas schiefgeht. Womöglich haben sie sich auch umgedreht und sind einen anderen Weg gegangen. Vielleicht sind Sie deshalb sogar zu spät zu Ihrem Termin oder auf der Arbeit erschienen?

Gern wird die Schuld der schwarzen Katze zugeschrieben. Denn wäre diese Ihnen nicht über den Weg gelaufen und hätten Sie diesen Aberglauben nicht gehabt, dann hätten sie vermutlich auch nicht den Weg geändert und wären auch nicht zu spät gekommen. Und alles, was im Laufe des Tages schiefgehen wird – sei es nur, dass Ihnen der Kugelschreiber aus der Hand fällt – wird dann wohl auch der schwarzen Katze zugeschrieben. Tatsächlich wird auch hier durch Ihr Denken Ihr Verhalten beeinflusst, sodass die selbsterfüllende Prophezeiung sich erfüllt.

4.
Arbeit und Karriere

4.1 Bewerbermanagement/Recruitment

Die Beispielfirma X möchte im Bewerbermanagement ausschließen, dass sich ein spezifisches Klientel auf die jeweilige Vakanz bewirbt.

Die Verantwortlichen gehen davon aus, dass diese Personengruppe nicht geeignet ist und möchten eine andere Zielgruppe ansprechen.

Penibel achten sie darauf, die Stellenanzeige so zu formulieren, dass sich eine gewisse Personengruppe nicht bewirbt und dass die gewünschte Zielgruppe erreicht wird und sich bewirbt. Jedoch wird oft genau das Gegenteil erreicht. Die Zielgruppe, die angesprochen werden soll, bewirbt sich nicht auf die ausgeschriebene Vakanz und die Personengruppe, welche sich nicht bewerben sollte, bewirbt sich.

Es wurde penibel auf alles geachtet: die Gestaltung des Layouts, die Farben, die Sprache, die Textformulierung, Anzeigenort usw. Und dennoch wurde nicht die Zielgruppe angesprochen, die erreicht werden sollte, sondern das genaue Gegenteil ist eingetreten.

Fand hier etwa auch die selbsterfüllende Prophezeiung statt?

Ist es nicht so, dass ein Mensch, je mehr er sich anstrengt, etwas zu vermeiden, umso mehr genau das erhält, was er vermeiden wollte? Und je mehr er versucht, sich von gewissen Menschen zu distanzieren, sich genau diese Art von Menschen umso mehr zu ihm hingezogen fühlen?

So verhält es sich auch oft bei der Stellenausschreibung in Firmen. Wenn Sie diese Erfahrung in Ihrer Firma machen, können Sie natürlich auch einen Berater konsultieren und der Ursache genauer auf den Grund gehen, weshalb Sie nicht Ihre Zielgruppe erreichen und die gewünschten Mitarbeiter finden. Wenn wir nun das Ganze einmal im Sinne der selbsterfüllenden Prophezeiung betrachten, was käme dabei wohl heraus?

Denken: Wir wollen unbedingt Personal und finden keine geeigneten Bewerber. Nur Personengruppe B soll sich bewerben und kommt in Frage. Personengruppe A ist nicht geeignet und kommt nicht in Frage.

Gefühl: Personengruppe A ist uns nicht gut genug.

Verhalten: Es wird penibel darauf geachtet, die Personengruppe A nicht anzusprechen. So setzen sich die Verantwortlichen damit auseinander, was diese Personengruppe bewegen könnte, sich zu bewerben, von welchen Layouts, Grafiken und Texten sie sich angesprochen fühlen könnten. Die Verantwortlichen gestalten die Stellenanzeige dementsprechend und meinen, sie so gestaltet zu haben dass sich die Personengruppe B angesprochen fühlt. Jedoch ist dies in der Realität nicht immer der Fall, gerade weil sie sich zuvor so stark mit der Personengruppe A auseinandergesetzt haben. Hier spielt der Blinde Fleck im Unterbewusstsein eine Rolle. Die Verantwortlichen glauben, dass die Bearbeitung der Vakanz nun so gestaltet ist, dass sich Personengruppe B darauf bewirbt. Jedoch übersehen sie hier unbewusst, dass die Vakanz in der Realität so ausgerichtet wurde, dass sich fast ausschließlich Personengruppe A davon angesprochen fühlt und sich bewirbt.

Resultat/Reaktion der betreffenden Person: Personengruppe A bewirbt sich überwiegend.

Fazit: Ihr Denken wird durch die selbsterfüllende Prophezeiung, dass sie kein geeignetes Personal finden, bestätigt. Auch ihre Befürchtung, dass sich die Personengruppe A bewirbt, hat sich erfüllt.

Mein Tipp: Die Verantwortlichen hätten sich mehr mit der Personengruppe auseinandersetzen sollen, die Sie ansprechen möchten. In diesem Fall wäre dies die Personengruppe B gewesen.

4.2 Der Wunsch nach Beförderung

Wie viele Menschen wünschen sich, dass sie innerhalb ihrer Firma entdeckt werden? Dass ihre Leistung anerkannt und wertgeschätzt wird und dass sie in ihrem Potenzial gefördert werden. Geht es Ihnen auch so? Sie sind engagiert und bereit, Überstunden zu machen, immer zur Stelle, wenn es nötig ist, Sie denken stets mit, sind freundlich, hilfsbereit, ja fast sogar schon aufopfernd. Sie leisten Top-Arbeit und sind qualitätsbewusst, arbeiten schnell, sind zuverlässig – ja Sie sind doch eigentlich der beste Mitarbeiter der ganzen Firma. Sieht denn niemand wie wertvoll Sie sind?

Wann werden denn eigentlich mal Ihre Talente und Ihre Qualifikationen entdeckt? Eigentlich können Sie doch auch den Job in der oberen Etage erledigen und im Prinzip doch auch sehr viel besser. Ja, sieht das denn niemand?

Wieso werden Sie denn nicht befördert? Wieso sieht denn niemand, dass Sie absolute Spitzen-Kompetenzen haben?

Was machen Sie eigentlich falsch? Sollten Sie mehr aus sich heraus gehen? Mehr von Ihren Erfolgen, mehr von Ihrem Können, mehr von sich selbst erzählen?

Vielleicht sollten Sie ja auch mal Ideen, Lösungen und Vorschläge unterbreiten?

Haben Sie eigentlich am Montag erzählt, dass Sie sich auch am Wochenende nochmal freiwillig zu Hause hingesetzt und unbezahlt gearbeitet haben? Haben Sie das mit „freiwillig" und „kostenlos" auch richtig betont? Hat das Ihr Gegenüber auch so gehört?

Vielleicht sollten Sie noch einmal darüber nachdenken, was Sie falsch machen, vielleicht auch nochmal über die Fremdwahrnehmung nachdenken. Vielleicht sind Sie zu grau? Vielleicht sollten Sie auch noch mehr an Ihrem äußeren Erscheinungsbild arbeiten? Vielleicht aber sind Sie langweilig?

Oder Sie erzählen zu wenig Witze? Mag man Sie vielleicht nicht? Sollten Sie da nicht viel mehr an Ihrer Beliebtheit arbeiten? Beliebte Leute werden doch immer befördert oder etwa nicht?

Wieso wurde gerade Person XYZ befördert? So eine 0815-Person, so ein Niemand – ich wusste noch nicht einmal, dass diese Person existiert. Wieso sie und nicht ich? Habe ich nicht alles dafür getan, um befördert zu werden? Und Sie, haben Sie das etwa auch nicht?

Und wie wirkt sich das Ganze auf die selbsterfüllende Prophezeiung aus?

Kann es vielleicht an dem folgenden Beispiel liegen?

Denken: Niemand sieht mich. Keiner bekommt mit, wer ich bin und was ich für Talente, Qualifikationen, Kompetenzen, usw. habe. Ich bin in einer niedrigen Position und ich will befördert werden.

Gefühl: Fühlt sich minderwertig, unterfordert, nicht der eigenen Fähigkeiten entsprechend positioniert.

Verhalten: Ist unter starkem Druck, anderen alles beweisen zu müssen. Gibt ständig an, teilt sich ständig mit, verhält sich besserwisserisch, drängt sich stets auf, ist vorlaut, hat eine aufgesetzte Freundlichkeit und Hilfsbereitschaft, nervt Andere, etc.

Resultat/Reaktion der betreffenden Person: Sie wird nicht befördert.

Fazit: Die Mitmenschen nehmen Ihre Fähigkeiten nicht wahr und Sie werden nicht befördert und somit kann sich die selbsterfüllende Prophezeiung, dass Ihre Leistungen nicht erkannt werden und Sie in einer niedrigen Position bleiben, bewahrheiten.

4.3 Im Alter verpasste Chancen beklagen

So oft hörte ich von Personen, die über verpasste Chancen in ihrem Leben klagen. „Ach, wenn ich doch das Wissen von heute schon früher gehabt hätte, was wäre dann aus mir geworden?", hörte ich sie dann sagen.

Das Wissen, das sie heute haben, haben sie sich nur aufgrund der Erfahrung zu verdanken, die sie sammelten als sie dieses Wissen noch gar nicht besaßen. Aber leider möchten viele sich das nicht eingestehen.

Was wäre, wenn sie die Chance jetzt ergreifen?

Die meisten verneinen und begründen es damit, dass sie zu alt dafür seien.

Früher, da wäre es ja noch gegangen, aber jetzt würde es nicht mehr gehen.

„Gibt es vielleicht Alternativen nach denen Sie Ausschau halten können?" „Nein, die gibt es nicht, die gab es ja früher. Der Zug ist abgefahren", behaupteten sie dann.

Denken: Chancen wurden verpasst.

Gefühl: Sich missmutig und schlecht fühlen.

Verhalten: Beklagen, jammern, Sturheit und Inflexibilität im Denken sowie Nichtstun.

Ergebnis/Reaktion der Anderen: Keine Veränderung. Die Chance wurde nicht ergriffen und auch keine Alternative gesucht.

Fazit: Es findet keine Veränderung statt und alles bleibt wie es ist. Die selbsterfüllende Prophezeiung findet durch ihr Denken statt und bestätigt sich.

Umkehrgedanken führen zu umgekehrten Verhaltensweisen und diese wiederum führen zu umgekehrten Ergebnissen.

Was wäre, wenn jemand sich denkt, dass er früher zwar Fehler ge-macht hätte oder keine Zeit gehabt hatte oder aber nicht das Geld und jetzt die Möglichkeit dazu hat?

Wie würde sich dieser Mensch dann wohl verhalten? Würde er dann nicht nach Möglichkeiten, Wegen, evtl. auch Alternativen, Lösungen und Strategien suchen, solange bis er das Ziel erreicht hat?

Das Ergebnis wäre dann, dass dieser Mensch mit seinem Denken sein Verhalten steuert, sodass er als Ergebnis seinen Wunsch auch erreicht.

So machte es Rosemarie Achenbach. Im Alter von 18 Jahren begann sie in München Psychologie, Philosophie und Psychiatrie zu studieren. Kurz zuvor hatten die Nationalsozialisten die Geschwister Scholl ermor-det. Nach drei Semestern musste sie leider das Studium beenden, da sie nach Polen zum Arbeitsdienst eingeteilt wurde.

Nach dem zweiten Weltkrieg heiratete sie, bekam drei Kinder und hatte keinerlei Zeit mehr für sich selbst, geschweige denn zu studieren. Nachdem ihr Mann 2003 gestorben war, beschloss sie kurze Zeit später, wieder zurück an die Uni zu gehen und ihren Magisterabschluss zu ma-chen. Mit 84 Jahren begann sie, ihre Doktorarbeit zu schreiben. Neun Jahre später arbeitete sie im Alter von 93 Jahren immer noch daran.

Dass niemand zu alt für Erfolg ist, beweisen viele Menschen:

• Der Autor Harry Bernstein feierte seine Erfolge erst mit 96 Jahren.

• Vera Wang designte ihr erstes Kleid, als sie in ihren 40ern war.

• Henry Ford war 45 Jahre alt, als er sein berühmtes Model T 1908 entwarf.

• Sam Walton errang seinen großen Erfolg, indem er im Alter von 44 Jahren seine erste Walmart-Filiale eröffnete.

• Samuel L. Jackson konnte erst im Alter von 43 Jahren echte Erfolge als Schauspieler feiern.

- Robin Chase gründete im Alter von 42 Jahren Zipcar – eine Organisation für Fahrgemeinschaften.

- Gary Heavin eröffnete im Alter von 40 sein erstes Curves Fitnesscenter.

- Donald Fisher eröffnete im Alter von 40 seinen ersten Laden der Marke Gap.

- Stan Lee gestaltete erst kurz vor seinem 39. Lebensjahr seinen ersten Comic.

- Jack Weil schaffte es erst im Alter von 45 Jahren mit seiner Cowboymode Rockmount Ranch erfolgreich zu sein.

- Rodney Dangerfield wurde erst im Alter von 46 Jahren mit seiner Ed Sullivan Show bekannt.

- Momofuku Ando erfand im Jahr 1958 im Alter von 48 Jahren die fantastischen Instant-Nudeln.

- Charles Darwin veröffentlichte seine legendäre und bedeutsame Evolutionstheorie erst im Alter von 51 Jahren.

- Julia Child schrieb ihr erstes Kochbuch im Alter von 50.

- Der amerikanische Wissenschaftler und Erfinder Jack Cover erfand im Alter von 50 Jahren die Elektroschockpistole.

- Betty White, bekannt aus den Golden Girls, schaffte erst im Alter von 51 Jahren ihren großen Durchbruch als Schauspielerin.

- Tim und Nina Zagat sind erst im Alter von 51 Jahren durch ihre Restaurant-Reviews berühmt geworden.

- Taikichiro Mori gründete im Alter von 51 Jahren die Mori Building Company. Im Jahre 1992 war er mit einem Vermögen von 13 Milliarden Dollar (11,6 Mrd. Euro) einer der reichsten Menschen in dieser Welt.

- Ray Kroc kaufte sich im Alter von 52 Jahren die Rechte, um seine eigene McDonald´s Filiale zu gründen und betrieb schließlich die weltweit größte McDonald´s Franchise-Fastfoodkette.

• Wally Blume gründete im Alter von 57 Jahren im Jahr 1995 seine eigene Eiscreme-Firma Denali Flavors.

• Laura Ingalls Wilder wurde erst im Alter von 65 Jahren im Jahr 1932 mit ihren Geschichten als Farmerstochter bekannt eines ihrer berühmtesten Werke ist „Unsere kleine Farm".

• Harland Sanders gründete erst im Alter von 62 Jahren im Jahr 1952 sein erstes Franchise-Restaurant Kentucky Fried Chicken.

• Anna Mary Robertson Moses begann erst im Alter von 75 Jahren mit dem Malen. Erst einige Jahre später wurde sie damit berühmt. 2006 verkaufte sich eines ihrer Gemälde für 1,2 Millionen Dollar (1,07 Mio. Euro).

• Harry Bernstein veröffentlichte im Alter von 96 Jahren sein Buch "A love story that broke barriers" und wurde dadurch im Jahre 2007 berühmt.

• Jiang Naijuns gelang es im Alter von 97 Jahren mit Hilfe von 50 Investoren den 97-Supermarkt zu eröffnen. Sie hat folgenden Glaubenssatz: „Auch wenn diese Art des Geschäfts als mikroprofitabel gilt, entwickelt es sich gut", so Jiang. „Neben den Spenden bietet der Supermarkt Lebensmittel und Schulutensilien für ärmere Familien und ihre Kinder. Ich bin der Meinung, dass man nie zu alt ist, um seine Träume zu verwirklichen und ich werde auch weiterhin alles dafür tun, mir meinen Weg zu ebnen, bis zu dem Punkt an dem ich mich nicht mehr bewegen kann."

Am Beispiel von Jiang Naijun:

Denken: „Man ist nie zu alt, um seine Träume zu verwirklichen und ich werde auch weiterhin alles dafür tun, mir meinen Weg zu ebnen, bis zu dem Punkt, an dem ich mich nicht mehr bewegen kann."

Gefühl: Sie möchte damit auch anderen helfen – ist motiviert, sucht nach Lösungen, ist selbstbewusst und optimistisch.

Verhalten: Sucht nach Wegen und Hilfe, um ihre Ziele zu verwirklichen und findet diese.

Ergebnis/Reaktion der anderen: Sie bekam Hilfe und Unterstützung und konnte sich ihren Traum im Alter von 97 Jahren erfüllen.

Fazit: Ihr Denken, dass man nie zu alt ist, um Träume zu verwirklichen, hat sich durch die selbsterfüllende Prophezeiung bestätigt, denn sie ist eingetroffen – ihr Traum wurde erfüllt.

Wenn Sie nun denken, das ist aber in meinem Land nicht möglich, dann werden Sie auch dies in der selbsterfüllenden Prophezeiung erfüllt bekommen.

Merke: Wenn Sie nun nach „Aber"-Gründen suchen, warum man im Alter keine beruflichen Chancen mehr hat, kann dies dazu führen, dass gar nicht erst Bemühungen angestellt werden, beruflich weiterzukommen. Dieses passive Verhalten führt dann dazu, dass sich die selbsterfüllende Prophezeiung, zu alt für beruflichen Erfolg zu sein, bestätigt.

Quellenangabe:

https://www.sueddeutsche.de/leben/serie-ue-rosemarie-achenbach-doktorandin-1.3606360
(Artikel vom 28. Juli 2017, gelesen am 14.01.2019)

https://www.businessinsider.de/diese-24-personen-schafften-den-grossen-durchbruch-als-sie-schon-ueber-40-waren-2016-9
(Artikel vom 7.09.2016, gelesen am 14.01.2019)

http://german.people.com.cn/n3/2018/0516/c209053-9460662.html
(Artikel vom 16. Mai 2018, gelesen am 14.01.2019)

4.4 Der Glaube, ein Versager zu sein

Archibald hält sich für einen Versager. Er geht davon aus, dass alles, was er macht, ihm immer misslingen wird. Auch glaubt er, dass er nichts richtig machen kann und ein Tollpatsch sei. Sobald er wieder an seine handwerklichen Arbeiten herangeht, fallen sie ihm entweder aus der Hand, oder er lässt Leim auf sie tröpfeln – er ruiniert sie. Aber es kann auch sein, dass er seine Arbeit einfach nur falsch ausübt. Es fällt ihm sehr schwer, neue Aufgaben zu bewältigen, da er sich in diesem Moment wieder daran erinnert, dass er ja eigentlich nichts kann. Dadurch fällt es ihm auch sehr schwer, sich zu motivieren.

Denken: Ich bin ein Versager. Ich kann nichts, mir fällt alles aus der Hand.

Gefühl: Sich missmutig und schlecht fühlen.

Verhalten: Unkonzentriert, Versagensängste, Unruhe bei den Aufgaben, negatives Denken, zittrige Hände.

Ergebnis/Reaktion der Anderen: Aufgaben misslingen oder sind total kaputt.

Fazit: Archibald wird durch seine Ergebnisse im Denken bestätigt, dass er ein Versager ist und die selbsterfüllende Prophezeiung findet statt.

Maria ergeht es ähnlich. Sie wurde in ihrem letzten Job wegen zu schlechter Leistung gekündigt. Sie befürchtet, dass ihr das wieder passieren kann. Dadurch traut sie sich nichts mehr richtig zu, hat weniger Selbstvertrauen und entwickelt einen Minderwertigkeitskomplex. Dies strahlt sie dann auch aus, was sich darauf auswirkt wie sie arbeitet. Und somit erfüllt sich auch hier die selbsterfüllende Prophezeiung.

4.5 Digitalisierung und Verkaufen auf Social Media

Schon seit einigen Jahren wird immer wieder davon gesprochen, dass alles digitalisiert werden soll. Ständig wird neue Software eingeführt und ersetzt teils sogar Arbeitsplätze. Ich habe dies selbst an einem meiner früheren Arbeitsplätze miterlebt. Durch die Software wurde mein Arbeitsplatz überflüssig und wegrationalisiert.

Schon seit dem zwanzigsten Jahrhundert wurden Arbeitsplätze durch Maschinen ersetzt, wodurch die Arbeitslosigkeit stieg. Diese Entwicklung nimmt seitdem stetig zu. Auch gibt es mittlerweile Berufsdatenbanken, die Vorhersagungen treffen, welche Berufe aussterben und welche zukünftig noch gefragt sein werden.

Viele Menschen haben Angst, ihren Arbeitsplatz zu verlieren oder keinen neuen Job zu finden. Allerdings sind durch die sozialen Medien auch neue Jobs entstanden. Viele Internetnutzer haben sich ein Standbein als Selbstständige aufgebaut und präsentieren sich in den Social-Media-Kanälen als Influencer oder vermarkten ihre Unternehmen.

Ich habe mich diesbezüglich mit einigen Selbstständigen und Unternehmern unterhalten, die nicht in Social Media aktiv, beziehungsweise präsent sind und fragte sie, warum sie sich denn nicht ebenfalls dort präsentieren. Sie hielten die sozialen Medien für Zeitvergeudung und sahen nicht den Sinn darin. Stattdessen konzentrieren sie sich auf SEO (Suchmaschinenoptimierung) in ihren Blogartikeln – jedoch immer nur soweit, dass es einen Kaufanreiz gab. Während Andere es für unabdingbar hielten, sich ständig auf Social Media zu präsentieren.

Doch wie sinnvoll ist dies nun wirklich? Es geht einerseits um die Reichweite, die man über soziale Netzwerke erzielt. Diese werden auf Netzwerken wie Facebook oder Instagram in den sogenannten Insights angezeigt. An ihnen kann man sehen, wie viele Personen mit den geposteten Beiträgen in den Social-Media-Kanälen erreicht werden. Es werden viele Beiträge gepostet, die teilweise auch einfach dazu dienen, die Follower zu unterhalten. Ich habe für mich festgestellt, dass es sehr stressig, sehr zeitintensiv war und dass ich damit nichts verkaufte.

Tatsächlich verkaufte ich nur, wenn ich Werbung für meine Produkte machte, zum Beispiel in Form von Storytelling. Aber nicht, wenn ich Kochrezepte, Sprüche oder Naturvideos postete. Aber dies ist nur ein Beispiel. Auch ist mir aufgefallen, dass viele Anbieter sich sehr darauf konzentrieren, aktiv Follower hinzuzugewinnen. Es gibt dafür viele verschiedene Möglichkeiten. Man kann zum Beispiel jemanden abonnieren und darauf hoffen, im Gegenzug ebenfalls abonniert zu werden. Einige "kaufen" sogar ihre Follower. Aber ist die Suche nach Followern wirklich notwendig? Der Hintergedanke stammt aus der Wirtschaftspsychologie – so zeigten Studien, dass viele User glauben, dass jemand mit vielen Abonnenten auch ein gutes Angebot haben muss. Jedoch wird damit nichts verkauft. Viele Menschen verlieren Zeit, weil sie sich mit der Suche nach Followern beschäftigen, anstatt ihre Produkte effektiv zu vermarkten und zu verkaufen. Auch hier spielt die selbsterfüllende Prophezeiung eine wichtige Rolle, denn im Wesentlichen sucht man Follower, um zu verkaufen. Dennoch verkauft man nichts, beziehungsweise wenig. Der richtige Ansatz wäre, sich mit dem Verkaufen zu beschäftigen, anstatt damit, Follower zu bekommen – denn diese kommen von ganz allein, so meine Erfahrung.

Auch ist mir bei Klientengesprächen aufgefallen, dass die Klienten beklagten, trotz vieler Youtube-Videos wenig bis nichts zu verkaufen, obwohl sie viel über das Thema sprachen. Das Bedürfnis der Nutzer, die vorgestellten Produkte oder Dienstleistungen zu erwerben, wurde dadurch scheinbar nicht geweckt. Eventuell kann die Angst, nichts zu verkaufen, der Grund sein, dass sie nichts verkauften. Womöglich neigten meine Klienten dazu, zu viel umsonst preiszugeben, sodass sich das Kaufbedürfnis nicht mehr einstellte.

Man sagt in der Wirtschaftspsychologie, dass gut 60 Prozent der Kunden, die Werbegeschenke erhalten, sich danach animiert fühlen, etwas zu kaufen. Solche Werbegeschenke sind beispielsweise Schlüsselanhänger, Kugelschreiber, Baumwolltaschen, etc. Dieses Prinzip machen sich viele Anbieter zu Nutze. Heutzutage findet dieses auch vermehrt statt, indem sie beispielsweise viele Beiträge über Themen posten, wo man früher noch vermehrt Zeitungen, Bücher, Seminare, etc. gekauft hätte. Damit tragen Anbieter unbewusst dazu bei, dass wenig oder kein Interesse an ihren Produkten oder Dienstleistungen besteht. Hier erfüllt sich dann die selbsterfüllende Prophezeiung, dass sie wenig Geld verdienen. Die meisten Anbieter setzen dann auf noch mehr Werbung und hoffen, zum Beispiel durch Influencer, die ihre Produkte anpreisen, ihren Lebensunterhalt finanzieren zu können oder selbst Influencer zu werden.

So verhält es sich auch mit manchen Blogs, die etwas verkaufen sollen. Wenn es um Bildung und Informationen geht – zum Beispiel Seminare oder Schulungen verkauft werden sollen – und der Blog so ausführlich geschrieben ist, dass das eigentliche Problem damit bereits gelöst wird, bleibt der Kaufreiz aus. Es ist bereits alles da und ganz umsonst. Die Anbieter haben viele Follower, da die Artikel interessant sind. Doch diese werden eher weniger wegen der Produkte oder Dienstleistungen kommen, sondern weil sie etwas umsonst bekommen. Da bleibt dann scheinbar nur noch die Alternative, mit bezahlter Werbung die Einnahmen zu steigern.

Nur ist die Frage, ob damit langfristig gesehen die selbsterfüllende Prophezeiung (noch mehr Arbeitslose, noch weniger Arbeitsplätze, noch mehr Roboterbots, etc.) sich auch erfüllt. Dass immer mehr Branchen, Dienstleister und Produkte vom Markt verschwinden könnten, wenn so viele kostenlose Seminare, Coachings, Beratungen, Texte, etc. im Internet verfügbar sind. Jeder von uns kann dazu beitragen, dass sich diese selbsterfüllende Prophezeiung in unserer Gesellschaft und Wirtschaft nicht erfüllt, indem der Fokus wieder mehr auf das Wesentliche gelegt wird. Natürlich kann man auch weiterhin mit YouTube-Videos Geld verdienen, beziehungsweise über Themen informieren. Aber so könnte man ja zum Beispiel auch Bücher nehmen, diese zitieren und gleichzeitig eine Quellenangabe machen. Des Weiteren könnte man mit Affiliate-Marketing das Buch unter seinem Youtube-Video anpreisen, um damit langfristig gesehen eine nicht selbsterfüllende Prophezeiung (self-destroying prophecy) für sich selbst und Andere zu erzeugen.

S.84-85, Psychologie für die Wirtschaft, Grundlagen und Anwendungen, Lioba Werth, 1. Auflage 2004, Spektrum Akademischer Verlag, ISBN 978-3-8274-2580-5

5.
Aussehen und Ausstrahlung

5.1 Der Umgang mit Hautkrankheit

Emanuel stand morgens auf, ging ins Bad und schaute in den Badezimmerspiegel. Voller Schreck stellte er fest, dass er über Nacht Neurodermitis bekommen hatte. „Oh, nein", dachte er sich, „das darf doch wohl nicht wahr sein." Denn gerade heute hatte er einen sehr wichtigen Tag. Heute war sein Vorsprechen beim großen Stadttheater. Es war die Rolle! Auf so eine Gelegenheit hatte Emanuel schon lange gewartet. Er wollte schon immer so eine Theaterrolle haben, denn es bedeutete für ihn einfach alles. Wenn er diese Rolle bekäme, würde er dadurch bekannt und dann müsste er sich keine Sorgen mehr um seine Karriere als Schauspieler machen.

Doch wenn die Regisseure nun sehen würden, dass er Neurodermitis hat und das auch noch im Gesicht, dann würde er wohl kaum für diese Rolle aus-gewählt werden. Voller Panik fing er an, sich sämtliche Cremes, die er im Badezimmer hatte, ins Gesicht zu schmieren. „Oh", es brannte höllisch. Aber anstatt, dass es besser wurde, wurde es nur noch schlimmer. Sein Gesicht wurde immer röter und röter. Die Uhr tickte. Er musste nun zum Theater. Er nahm einige Cremes und packte sie sich in den Rucksack. „Wie gut, dass ich mit dem Bus zum Theater fahre", dachte er sich. Und während er im Bus saß, holte er sich einen Taschenspiegel und eine Creme heraus und fing an, die Creme auf der Haut zu verteilen. Sein Gesicht war so rot wie eine Tomate und die Haut brannte fürchterlich. Die Uhr tickte. He, was sah er denn da? „Klasse super", dachte er sich – neben dem Theater befand sich eine Apotheke, die ihm zuvor noch nie aufgefallen war. Schnell lief er hinein, kaufte sich eine spezielle Creme für sein Gesicht und trug diese sofort auf.

„Aah", schrie er. Sie brannte noch viel mehr als die andere Creme zuvor. Jetzt sah er sogar noch schlimmer aus, denn nun bildeten sich aufgrund einer allergischen Reaktion auch noch Pusteln auf seiner Gesichtshaut.

Aber es half nichts, denn er hatte nun sein Vorsprechen. Als Emanuel auf der Bühne stand, fühlte er sich in seiner Haut sehr unwohl. Die ganze Zeit musste er an sein Aussehen denken und daran, dass er eigentlich besser für die Rolle des Quasimodo hätte vorsprechen sollen.

Am Ende seines Vorsprechens bekam er leider die Mitteilung, dass er nicht in Frage kommen würde. „Die Neurodermitis habe ich nicht immer, sie geht wieder weg. Ich gehe zum Arzt..." Emanuel wollte noch weiter erzählen, doch die Regisseure unterbrachen ihn: „Es hat nichts mit Ihrer Neurodermitis zu tun, dass wir Sie für den Part nicht besetzen werden. Sie sind einfach nicht in der Rolle aufgegangen. Wir hatten den Eindruck, dass Sie mit Ihren Gedanken ganz woanders und nicht richtig bei der Sache waren."

Sie sehen: Emanuel hatte gedacht, dass er aufgrund seiner Neurodermitis nicht die Rolle beim Theater bekommen würde. Er fühlte sich in seiner Haut unwohl und beschäftigte sich die ganze Zeit mit seiner Hauterkrankung. So trat er beim Theater auf: er war mit den Gedanken bei seiner Krankheit und daher nicht wirklich in seiner Rolle. So befürchtete er, dass er abgelehnt wird. Das Resultat war, dass er tatsächlich eine Absage bekam.

Sein Denken: Ich bekomme die Rolle nicht, weil ich momentan nicht gut aussehe, denn ich habe aufgrund meiner Neurodermitis Ausschlag im Gesicht.

Sein Verhalten: Er beschäftigte sich mit den Dingen, die dazu führen könnten, dass er die Rolle nicht bekäme.

Das Ergebnis: Er bekam die Rolle nicht.

Was hätte er stattdessen tun sollen? Er hätte die Neurodermitis akzeptieren und sich auf die Rolle und das Vorsprechen konzentrieren sollen und sein Denken darauf ausrichten, dass er die Rolle bekommt.

Merke: Ein anderes Denken hätte ein anderes Verhalten ausgelöst und somit auch ein anderes Ergebnis hervorgebracht.

Eine andere Denkweise: Ich habe Neurodermitis bekommen. Kann ich jetzt nicht ändern. Ich akzeptiere, dass der Ausschlag da ist. Momentan ist das Vorsprechen wichtiger.

Verhalten: Konzentriert sich weiter auf sein Vorsprechen.

Ergebnis: Emanuel geht in seiner Rolle auf und bekommt sie.

5.2 Das Empfinden der Unattraktivität

Immer wenn Frauke sich im Spiegel anblickt, denkt sie, dass sie nicht schön sei. Sie schaut auch nur noch in den Spiegel, wenn es unbedingt von Nöten ist. Zum Beispiel bei der Morgentoilette: „Ich kenne dich zwar nicht, aber ich wasch dich trotzdem" lautet dann ihr Motto.

Frauke ist eine stämmige Frau. Sie legt keinen großen Wert auf Mode – ihre Kleidung ist komfortabel, günstig und salopp. Im Klartext heißt das, dass sie keinen großen Wert auf Schnickschnack legt. Ihre Haare sind kurz und fransig. Make-up würde sie nie tragen, denn sie findet sich hässlich und glaubt, dass sie ihre Hässlichkeit damit nur noch mehr unterstreichen würde.

Wenn sie irgendwo eingeladen ist, trägt sie dieselbe Kleidung wie auch im Alltag. Denn – so meint sie – warum solle sie für Kleidung viel Geld ausgeben? Sie würde die Sachen ja nur für diesen einen Anlass tragen und danach im Schrank liegen lassen. So kam es auch schon mal vor, dass Frauke in Alltagskleidung zu einer Hochzeit ging. Mittlerweile haben sich die Menschen in Fraukes Umfeld an ihr Äußeres gewöhnt. Tatsächlich bringt ihr äußeres Erscheinungsbild auch ein gewisses Verhalten mit sich, denn sie tritt stets äußerst robust auf.

Wenn Frauke sich mit anderen Frauen unterhält, fühlt sie sich unwohl. Das liegt vor allem daran, dass sie sich in der Gegenwart der meisten anderen Frauen als hässlich empfindet. Ganz besonders schlimm ist es im Sommer, wenn alle anderen Frauen sich in ihren Kleidchen zeigen und sie nur in einer kurzen, knielangen weiten Bermudahose und einem schlabbrigen XL-T-Shirt herumläuft. Dazu trägt sie für gewöhnlich ihre bequemen Biosandalen. Wenn sie dann auf die anderen Frauen trifft, macht sie manchmal schnippische Bemerkungen wie: „High Heels würde ich nie tragen, kein Wunder, wenn dir jetzt der Knöchel wehtut." Sie machte aber auch Scherze wie: „Wenn ich morgens in den Spiegel sehe, erschrecke ich mich immer. Wer bist du denn? Ich kenne dich nicht, aber ich wasche dich trotzdem."

Gedanke: Frauke denkt, dass sie hässlich ist.

Verhalten: Sie kleidet sich dementsprechend, fühlt sich unwohl in ihrem Körper, meidet gutaussehende Frauen oder legt ihnen gegenüber abwertendes Verhalten an den Tag.

Ergebnis/Reaktion der Anderen: Frauke erhält keine Komplimente und wird auch von anderen Menschen nicht als attraktiv angesehen. Diese Wahrnehmung seitens ihrer Mitmenschen wird durch Fraukes äußeres Erscheinungsbild, ihre Ausstrahlung, ihre Haltung (Benehmen, Körperhaltung) sowie ihr Verhalten geprägt.

Im Umkehrschluss: Was wäre gewesen, wenn Frauke sich selbst für attraktiv halten würde oder zumindest für ansehnlich?

Dann würde Frauke sich viel wohler in ihrem Körper fühlen. Sie würde vermutlich auch besser mit sich und ihrem Körper umgehen. Dieses Verhalten dürfte sich positiv auf ihre Körperhaltung und ihre Ausstrahlung auswirken. Des Weiteren würde sie sich dadurch auch vorteilhafter kleiden.

Dieses Beispiel kann natürlich auch triggern – wie alle Beispiele in diesem Buch ist es kein Maßstab. Jeder von uns hat andere Motive, die Dinge zu tun, die er nun mal tut. Wer solch einen Kleidungsstil hat, kann sich dennoch wohlfühlen und sich attraktiv finden und das wird diese Person dann auch ausstrahlen.

Ausnahmen gibt es immer!

Ich habe dieses Beispiel gewählt, da ich einige Menschen kennenlernte, die ein sehr negatives Selbstbild hatten und sich gerne wohler in ihrem Körper fühlen wollten. Tatsächlich gewannen sie ein besseres Körpergefühl, sobald sie freundlicher über sich selbst dachten. Hat man eine positive Wahrnehmung von sich selbst, zeigt sich dies auch im äußeren Erscheinungsbild – beispielsweise in einer aufrechten, selbstbewussten Körperhaltung, gepflegter Kleidung und einem verantwortungsbewussten Umgang mit dem eigenen Körper.

Beispiele wie dieses dienen einzig und allein dazu, Denkanstöße zu vermitteln und die selbsterfüllende Prophezeiung zu verstehen und erfolgreich im Alltag anwenden zu können! Es gibt viele verschiedene

Möglichkeiten, ein positives Selbstbild zu erlangen. Der Weg dorthin beginnt jedoch grundsätzlich mit dem eigenen Denken, da das Denken sich immer in der selbsterfüllenden Prophezeiung bewahrheitet.

5.3 Das Gefühl, zu dick zu sein

Klara hat schon seit Kindheitstagen Übergewicht. Sie fühlt sich dick und schämt sich wegen ihrer rundlichen Figur. Schon als Kind schränkte sie diese Scham so sehr ein, dass sie beispielsweise nie ins Freibad ging, wo andere sie hätten sehen können. Oder noch viel schlimmer – sie wäre ausgelacht worden. Nicht nur, dass Klara viele Freizeitaktivitäten nicht mitmachte. Ihre Figur schränkte sie auch allgemein sehr ein. Denn ihr Übergewicht führte leider auch dazu, dass sie nicht besonders gut im Sport war. Dies frustrierte sie so sehr, dass sie sportliche Aktivitäten möglichst vermied. So kam es, dass sie sich kaum noch bewegte – nur noch so viel wie eben nötig. Durch diesen Bewegungsmangel hatte sie auch einen niedrigen Kalorienverbrauch. Als direkte Folge nahm sie weiter zu. Dadurch fühlte sie sich noch schlechter. Aber das war nicht der einzige Grund dafür, dass sie immer dicker wurde. Denn wenn Klara sich dick fühlte, war sie frustriert und tröstete sich mit noch mehr Essen, woraufhin sie umso mehr zunahm. Leider konnte sie ihre negativen Gedanken nie unterbrechen, sodass sie diese bis ins Erwachsenenalter mitnahm und ihr negatives Selbstbild beibehielt.

Ihr Denken: Ich bin dick.

Ihr Verhalten: Verhält sich, als sei sie dick. Bewegt sich kaum und isst aus Frustration über ihr Gewicht sogar noch mehr. Ihr Verhalten artet in einen regelrechten Teufelskreis aus!

Das Ergebnis/Reaktion der Anderen: Sie ist dick.

Umgekehrtes Beispiel: Würde Klara sich schlank finden oder würde sie wirklich schlank sein wollen, könnte sie sich mehr bewegen, weniger essen und sich insgesamt gesünder ernähren.

Denken: Ich bin schlank, bzw. ich will schlank sein.

Verhalten: Ich werde mehr Sport machen und auf meine Ernährung achten sowie nicht über den Hunger hinaus essen. Auch Frust-Essen und Essen aus emotionalem Antrieb werde ich vermeiden.

Das Ergebnis/Reaktion der Anderen: Klara ist schlank, bzw. sie nimmt ab.

Übungsfragen zu diesem Beispiel:

1) Wie fühlt sich Klara, wenn sie dick ist und sich kaum bewegt?

2) Wie fühlt sich Klara, wenn sie schlank ist und sich viel bewegt?

Mögliche Antworten:

1) Sie fühlt sich unwohl, frustriert, deprimiert, traurig, hässlich, gehemmt, schämt sich ihres Körpers.

2) Sie fühlt sich wohl, attraktiv, fit und stolz.

5.4 Sexy und attraktiv im Alter

Die aus der Serie „Dr. Quinn" sowie als ehemaliges Bond-Girl bekannte amerikanische Schauspielerin Jane Seymour zog sich im Alter von 67 Jahren noch einmal für den Playboy aus. Und das, obwohl sie bereits mehrfache Großmutter war.

Viele Menschen würden sich das in ihrem Alter nicht mehr trauen. Denn nach wie vor halten sich gerade Frauen im Alter für unattraktiv, während Männer sich im zunehmenden Alter oft für attraktiver halten.

Inwiefern hier die selbsterfüllende Prophezeiung eine Rolle spielt, sehen Sie schon an ihrer Denkweise: „Ich habe heute ein größeres Selbstwertgefühl und sehe mich als heißer als jemals zuvor. Ich fühle mich einfach nur wohl in meiner Haut und erlebe eine enorme Freiheit, so alt wie ich bin, geworden zu sein." Auch hat Jane Seymour ein klares Motto: „Trainieren und sich sehen lassen"...

Sie fand erotische Fotos wie im Playboy selbst im Alter auch früher schon schön und äußerte sich dazu wie folgt: „Wenn die mich noch mal anfragen, sage ich nicht nein. Ich setze meinen Körper ja auch ein, pflege ihn, trainiere viel und ernähre mich bewusst. Außerdem habe ich gute Gene. Warum sollte ich mich nicht zeigen?"

Diese Denkweise verleiht ihr ein positives Körpergefühl, eine fantastische Ausstrahlung und sie verhält sich wie folgt: dass sie ihren Körper einsetzt, ihn pflegt, ihn trainiert und sich bewusst ernährt.

Das Resultat ist nicht nur, dass sie sich im Playboy zeigt. So sagt Frau Seymour selbst: „Ich werde manchmal von Typen angemacht, die halb so alt sind wie ich. Das schmeichelt mir sehr, weil man normalerweise als Frau in meinem Alter ja unsichtbar für Männer ist."

Quellenangabe:

https://www.express.de/news/promi-und-show/sexy-mit-67-ex-bond-girl-zieht-sich-zum-3--mal-fuer-playboy-aus-29774660
(Artikel vom 23.02.18, ge-lesen am 17.01.2019)

6.
Denkweisen über sich und seine Mitmenschen

6.1 Denkweisen über sich und seine Mitmenschen
Einstellung über sich selbst – nett sein

Wenn man sich für nett hält, wird man sich auch selbst so geben und dementsprechendes Feedback erhalten. So erging es auch Sophie. Sie erhielt schon sehr oft die Rückmeldung, dass sie sehr nett sei. Denn Sophie ist es wichtig, Andere so zu behandeln wie sie selbst behandelt werden möchte. Daher verhält sie sich Anderen gegenüber rücksichtsvoll, zuvorkommend, hilfsbereit und freundlich.

Denken: Sophie denkt: „Ich bin nett".

Gefühl: Sophie hegt freundliche Gedanken über sich und ihre Mitmenschen.

Verhalten: Dadurch verhält sie sich ihren Mitmenschen gegenüber rücksichtsvoll, zuvorkommend, hilfsbereit und freundlich. Aber um nett sein zu können, muss Sophie natürlich auch sich selbst kennen. Das heißt, würde sie gestresst und dennoch hilfsbereit sein, wirkt sich dies auf ihr Gegenüber aus. Sophie nimmt ihre eigenen Bedürfnisse wahr. Wenn sie gestresst ist oder mal keine Zeit hat, dann erklärt sie dies ihren Mitmenschen. Sie achtet auf sich und darauf, was sie braucht – so erschafft sie ein inneres Gleichgewicht und wirkt somit auf andere Personen äußerst ausgeglichen. Durch ihre innere Ruhe kann sie auch auf die Bedürfnisse ihrer Mitmenschen besser eingehen.

Resultat/Reaktion der betreffenden Person: Sophie strahlt ihre innere Ausgeglichenheit aus und wird von anderen Menschen als nett empfunden.

Fazit: Sophie erhält die Bestätigung ihrer Gedanken: Ihre Mitmenschen geben ihr das Feedback, dass sie nett ist. Weil sie davon überzeugt ist, nett zu sein, verhält sie sich entsprechend und wirkt positiv auf ihr soziales Umfeld ein. Die selbsterfüllende Prophezeiung tritt ein.

Im umgekehrten Beispiel – nicht nett sein.

Bestimmt kennen Sie auch Menschen, die von sich behaupten, nicht nett zu sein. Oder zumindest nicht immer. Im Fall von Sophie: Wie würde sich dieses Denken auf ihre Mitmenschen auswirken?

Denken: Sophie würde denken, dass sie nicht immer nett ist.

Gefühl: Sie hätte ein abwehrendes und aggressives Gefühl gegenüber anderen Menschen.

Verhalten: Sie würde andere vor den Kopf stoßen, wenn diese sie um Hilfe bitten. Aber auch wenn sie sich einfach nur freundlich mit ihr unterhalten.

Resultat/Reaktion der betreffenden Person: Dies könnte natürlich auch Verwirrung bei ihren Mitmenschen auslösen, denn mal ist sie nett und mal wieder nicht. Ja, Sophie wäre nicht nett und Mancher würde zusätzlich noch denken, dass sie launenhaft ist.

Fazit: Sophie würde die Bestätigung ihrer Gedanken erhalten: Ihre Mitmenschen würden ihr das Feedback geben, dass sie nicht immer nett sei. Sophie ist überzeugt, nicht nett zu sein, verhält sich ihrem Umfeld gegenüber entsprechend und die selbsterfüllende Prophezeiung erfüllt sich.

6.2 Negatives Denken über einen Menschen

Louis wusste von vornherein, dass Sybille total bescheuert ist. Schließlich hatten ihm alle seine Kumpels von ihr erzählt. Über ihre Erfahrungen mit Sybille hatten sie ihm alles berichtet – wie sie sich in Dates verhalten hatte, dass sie ja so verklemmt sei. Sie würde über ihre Witze nicht lachen können und sei ja auch noch so ernst gewesen.

Als Sybille auf Louis zukam, um mit ihm ein Gespräch anzufangen, würgte er sie ab. „Nee danke", dachte er sich, „meine Kumpels hatten mich schon vor Dir gewarnt." So antwortete er sehr schroff: "Nee danke, doch nicht mit einer wie mit Dir." Sybille konterte daraufhin entsprechend und Louis fühlte sich in seinen Gedanken bestätigt.

Etwas ähnliches passierte aber auch Fidelis, einem Geschäftsführer einer großen Bank. Er führte gerade Mitarbeitergespräche als er kurz zuvor noch vom Abteilungsleiter hörte, dass Herr X nicht sehr gut mit Kritik umgehen könne und schnell aggressiv darauf reagiere. Als Herr X zum Mitarbeitergespräch kam, hatte Fidelis auch schon eine abwertende Haltung eingenommen. Innerlich hatte er sich gewappnet und sich auf die bevorstehende Aggression von Herrn X vorbereitet. Dadurch verhielt sich Fidelis sehr abwertend, sodass Herr X dementsprechend reagierte und sich zur Wehr setzte. Schließlich wollte er sich nicht so minderwertig behandeln lassen – so von oben herab. Als er aus dem Büro ging, konnte Fidelis bestätigen, dass Herr X nicht sehr gut mit Kritik umgehen konnte und sogar aggressiv darauf reagierte.

Aber auch im ganz normalen Alltag bestätigt die Reaktion anderer Menschen unsere selbsterfüllende Prophezeiung. Nämlich dann, wenn wir negativ über sie denken. So wie hier:

Aussage von Herr Y und Frau M: „Diese Ausländer! Oh, nein. Wie die rumlaufen und wenn man ihnen entgegenkommt, grüßen die nicht und machen keinen Platz. Wir müssen dann auf der Straße gehen. Wir! Ist das zu fassen."

„Wir haben es ja von Anfang an gesagt, dass die kein Benehmen haben und total unhöflich sind. Die sprechen ja auch gar nicht unsere Sprache. Und unsere Kultur kennen sie auch nicht. Wir haben das von Anfang an gewusst."

Von Anfang an gewusst, dass die neue Kollegin nichts kann, haben auch die Kollegen aus der Finanzabteilung:

„In der Logistikabteilung hatten sie schon gesagt, dass Lisa einfach nur blond und blöd ist." „Und jetzt ist sie bei uns. Was hatte sich der Chef bloß dabei gedacht, als er sie einstellte?" „Ist Dir aufgefallen, dass sie die Aufgaben noch nicht erledigt hatte?" „Ich komme gerade vom Chef." „Ja und?" „Ich hatte mich über Lisa beschwert. Dass sie so lange für Ihre Aufgaben braucht, sogar länger als Ahmed und warum wir immer solche Leute in unserer Abteilung bekommen. Unser Chef erzählte, dass er heimlich einen Qualitätsbeauftragten bei uns in der Abteilung hatte. Dieser erzählte, dass er beobachtet hatte, wie wir Abteilungsfremde behandeln, sie nicht richtig einarbeiten, sie mobben würden, usw. Morgen wird es ein Meeting geben und übermorgen werden wir Bescheid erhalten, welche Veränderungsmaßnahmen bei uns in der Abteilung stattfinden werden." Verdutzt schauten sich alle an. Noch ehe jemand etwas sagen konnte, stand plötzlich der Chef hinter ihnen: "Haben sie nichts zu tun?" Und sie verschwanden wieder.

Ein ziemlich typisches Beispiel, wie es leider in vielen Firmen stattfindet. Wie wir andere behandeln, wird oft durch Vorurteile beeinflusst. In diesem Fall wurden Lisa und Ahmed nicht eingearbeitet – zumindest nicht richtig, da man ihnen gegenüber von vornherein schon misstrauisch und voller Vorbehalte eingestellt war. Natürlich konnten sie nicht richtig arbeiten, da sie nicht richtig eingearbeitet wurden. So fühlten die Kollegen sich in ihrer selbsterfüllenden Prophezeiung bestätigt. Jedoch hätte dieses Verhalten schon in Ahmed und später in Lisa dazu führen können, dass diese sich beschweren und ihre Kollegen die Konsequenz ihres Verhaltens hätten tragen müssen.

War es hier wirklich der Gedanke „blond und blöd", der zur selbsterfüllenden Prophezeiung führte? Wenn Sie sich einmal das Ergebnis anschauen, drängt sich doch eher die Frage auf, worum es den Kollegen denn wirklich ging. Was hatten sie eigentlich gegen die Beiden? Ging es ihnen wirklich darum, dass die neuen Kollegen ihre Arbeit nicht gut machten, dass sie zu langsam waren, dass sie zu dumm seien für die Arbeit?

Oder war der Gedanke, der ausschlaggebend war, vielmehr, dass sie nicht wollten, dass Ahmed und/oder Lisa zu ihrer Gruppe gehörten? Denn so ist es letztendlich gekommen.

Vielleicht lagen hier auch noch viele weitere Gründe vor. Vielleicht hatten die etablierten Kollegen auch Angst vor Konkurrenz, vielleicht davor, ihren Job langfristig zu verlieren? Vielleicht hatten sie auch die Befürchtung, dass sie durch eine Einarbeitung der neuen Mitarbeiter mehr Arbeit haben würden und wollten den zusätzlichen Aufwand vermeiden. Es gibt viele Motive für Menschen, in ihrer alteingesessenen Abteilung keine neuen Kollegen haben zu wollen. Den meisten Personen sind ihre Beweggründe gar nicht ganz bewusst, sondern sie lassen sich von unterbewussten Einflüssen leiten. Sie sind dem Neuen gegenüber schon von vornherein verschlossen und begegnen Veränderungen mit Zweifel und Vorurteilen.

Das heißt, wenn Sie davon ausgehen, dass ein Mensch Fehler hat und sich niemals verändern wird, dann werden auch Sie sich diesem Menschen gegenüber derartig verhalten. Sie werden vermutlich mit ihrem Verhalten auch diesen Menschen blockieren – ihn nicht anhören wollen, auf ihr Urteil beharren oder diesem Menschen abwertend, aggressiv, streng, bestrafend, kaltherzig, usw. begegnen. Egal, was dieser Mensch auch tut – wenn Sie in Ihren Gedanken verharren, werden Sie sich dieser Person gegenüber auch so verhalten und die Person wird dementsprechend reagieren. Ihre Gedanken werden dann durch Ihre Wahrnehmung bestätigt. Sie nehmen dann bewusst wahr, dass dieser Mensch sich so verhält wie Sie sich ihm gegenüber verhalten haben. So tritt die selbsterfüllende Prophezeiung ein.

Wenn ein Mensch von vornherein negativ einem anderen Menschen oder einer Personengruppe gegenüber eingestellt ist, dann wird er sich diesen gegenüber auch negativ verhalten. Durch dieses Verhalten werden genau die Verhaltensreaktionen in seinem Gegenüber ausgelöst, die von vornherein erwartet wurden.

Wenn Sie sich von anderen Menschen „beeinflussen" lassen und Sie deren Äußerungen für sich übernehmen, dann werden Sie ebenfalls Ihre selbsterfüllende Prophezeiung haben.

Es gibt viele Auslöser, über einen Menschen negativ zu denken:

• sei es über sein Erscheinungsbild, das in uns etwas auslöst

• was andere Personen uns über diesen Menschen erzählt haben

• weil er das Gegenteil von uns selbst ist

• Niemanden eine zweite Chance geben zu wollen

• Menschen anderer Gesellschaftsschichten

• Menschen anderer Nationalität, Religionen, etc.

• Taube, Blinde, Gehörlose

• das Alter

• Behinderungen

• Krankheiten

• Status

Rollen (hiermit meine ich, dass ein Hausmann oder eine Hausfrau als weniger wertvoll angesehen wird als jemand, der erwerbstätig ist. (Sollte dies von Ihrem Partner oder Ihrer Partnerin ausgehen, bedenken Sie auch: ohne die Hausfrau oder den Hausmann könnte der Partner nicht einen Vollzeit-Job ausleben. Denn ihm wird auch vieles abgenommen. Oder das Denken, dass eine Reinigungskraft weniger wert wäre als ein Firmen-Manager (bedenken Sie auch: ohne eine Reinigungskraft würde der Manager keine Hygiene am Arbeitsplatz haben und vielleicht sogar krank werden!).

Fallen Ihnen noch weitere Auslöser ein, über einen Menschen negativ zu denken?

Negatives Denken, voreingenommenes Denken über den Wert eines Menschen, kategorisches Denken oder Vorurteile über einen Menschen werden sich immer in unserem Verhalten äußern. Unser Verhalten erzeugt in unserem Gegenüber ebenfalls ein Verhalten, das dazu beiträgt, welche Reaktion wir von diesem Menschen haben. Hierfür sind wir selbst verantwortlich!

Wenn Sie von vornherein anderen Menschen gegenüber anders auftreten, ihnen eine Chance geben, sie erst einmal kennenlernen, usw. – dann werden Sie sich auch diesen Menschen gegenüber anders verhalten und andere Reaktionen erhalten.

6.3 Der Glaube, nicht geliebt zu werden

Beispiel 1:
Nicht liebenswert zu sein – andere Menschen hassen mich

Volker war ein kleiner dunkelhäutiger Junge. Schon als Kind dachte er, dass er aufgrund seiner Hautfarbe nicht liebenswert sei. Denn die anderen Kinder in seiner Schule waren alle hellhäutig. Er hatte zwar einen deutschen Vornamen wie die meisten anderen Kinder, aber er sah nicht so aus wie sie. Die anderen Kinder hatten ihn aufgrund seiner Hautfarbe oft gemobbt und ausgeschlossen.

Volker wuchs zu einem sehr ansehnlichen Mann heran. Er lebte nach wie vor sehr zurückgezogen und dachte immer noch, dass er aufgrund seiner dunklen Hautfarbe nicht liebenswert sei. Dies erzeugte in ihm keine guten Gefühle, sodass er sich sehr von seinen Mitmenschen distanzierte und zurückgezogen lebte. Da er allein war, konnte sein Denken stets die Bestätigung erhalten, dass er nicht liebenswert sei.

Eines Tages jedoch passierte es, dass ein Mann, der neben ihm an der Ampel auf dem Bürgersteig stand, ihn fragte: „Können Sie mir über die Straße helfen? Da drüben sollen zwei Abzweigungen sein und ich weiß nicht genau in welche Richtung ich zu gehen habe." Volker wurde schon lange nicht mehr angesprochen, was aber auch daran lag, dass er selbstständig war, im Home-Office arbeitete und mit seinen Kunden alles per Skype, E-Mail oder Messenger regelte. Selbst im Supermarkt machte er eigentlich nicht seinen Mund auf, denn wozu auch – er war ja nicht liebenswert.

Völlig verdutzt, dass er angesprochen wurde, blieb Volker erstmal regungslos. Der Mann neben ihm sagte daraufhin: „Wenn Sie nicht sprechen können, kein Problem. Sie können auch meinen Arm nehmen und mich in die Richtung lenken. Dann weiß ich, wohin ich gehen muss." Volker reagierte daraufhin: „Ihren Arm nehmen? Wohin müssen Sie denn? Ich sage ihnen dann, ob Sie links oder rechts gehen müssen."

„Junger Mann, ich muss in die Rosenallee, das soll von einer Straße nochmal so eine kleine Abzweigung sein. Und sehen?", der alte Mann lachte. „Sehen Sie denn nicht, dass ich blind bin?" „Oh", dachte Volker, „natürlich, ich hätte ja gleich darauf kommen müssen. Denn wenn er sehen könnte, dann hätte er mich nicht angesprochen, denn ich bin ja schwarz und dunkelhäutige Menschen sind nichts wert." Volker brachte den alten Mann zu der Abzweigung der Rosenallee und verabschiedete sich. Er ging wieder zu sich nach Hause, wo er ganz allein war und mit niemandem sprechen musste, außer im Schriftverkehr. Denn genau das war ja das Richtige für ihn gewesen, denn er war ja nicht liebenswert.

Denken: Volker denkt, dass er aufgrund seiner dunklen Hautfarbe nicht liebenswert sei.

Verhalten: Er meidet jeglichen Kontakt zu anderen Menschen.

Resultat/Reaktion der betreffenden Person: Volker ist allein.

Fazit: Volker erfährt keine Liebe und somit erfährt er die Bestätigung seiner selbsterfüllenden Prophezeiung, dass er nicht liebenswert sei.

Beispiel 2: Alle hassen mich

Als Lena ein Kind war, verstarb ihre Mutter. Ihre ganze Kindheit über hatte sie immer eine Mutter vermisst. Sehr oft dachte sie darüber nach wie es wohl gewesen wäre, wenn ihre Mutter noch da sein würde. Voller Sehnsucht schaute sie zu den anderen Kindern, die noch Mütter hatten. All diesen Spaß und das Glück hatte sie leider nicht.

Lena war deshalb sehr oft traurig. Irgendwann wurde sie dann auch noch von den anderen Kindern geärgert, weil sie keine Mutter hat. Es wurden ihr sehr viele gemeine Sachen gesagt, wie: „Jemand wie du verdient keine Mutter!" Oder: „Du bist doof, deshalb hast du keine Mutter." Und Lena dachte, dass alle anderen Menschen sie hassen und auch, dass Gott sie hassen würde, denn er hatte ihr ja die Mutter genommen.

All diese Beleidigungen verletzten Lena sehr. Als Lena heranwuchs, lernte sie viele Männer kennen, die sie liebte. Doch leider konnte sie nie so richtig glauben, dass die Männer sie auch lieben würden. Dementsprechend verhielt sie sich daraufhin auch und die jeweilige Beziehung zerbrach früher oder später.

Eines Tages wurde Lena schwanger und brachte schließlich ein Mädchen zur Welt. Sie verlebte einige Jahre in einer Beziehung und mit ihrer Tochter. Aber leider stritt sie sich sehr oft mit ihrem Partner, weshalb die beiden auch nie heirateten. Schließlich trennte Lena sich von ihrem Partner. Leider war es auch keine gewöhnliche Trennung, sondern mit sehr vielen Verletzungen, Wutanfällen und Streit verbunden, sodass die Beiden um das Sorgerecht ihrer gemeinsamen Tochter vor Gericht stritten. Beide erhielten das geteilte Sorgerecht.

Doch bei den Besuchszeiten kam es immer wieder zu Streitigkeiten, denn Lena konnte meist nicht ganz pünktlich sein. Wenn sie ihre Tochter abholen sollte, kam sie leider oft zu spät, worauf sie einmal hörte, dass ihr Ex-Partner zu ihrer Tochter sagte: „Deine Mutter ist mal wieder nicht pünktlich. Du bist ihr wohl nicht wichtig genug." Kurze Zeit später sprach Lena ihrem Ex das alleinige Sorgerecht zu und zog in eine andere Stadt. Denn sie wollte nicht mit einer Tochter zusammen sein, welche sie hasste. Dass ihr Ex-Partner zu ihrer Tochter sagen würde, dass sie unpünktlich sei und deshalb zu spät käme, dass es ihre Schuld sei – nun dies waren aus Lenas Sicht Folgen dessen, dass er sie hasst. Aber jeder hasste sie. Daran hatte sie sich auch gewöhnt.

Im Nachhinein lernte sie wieder neue Männer kennen. Aber da sie davon ausging, dass jeder sie hasst, hat sie sich auch dementsprechend verhalten und auch diese Beziehungen gingen zu Bruch.

Denken: Lena denkt, dass alle Menschen sie hassen.

Verhalten: Entweder sie verhält sich abwehrend oder sie erzeugt Abwehr zur Verteidigung gegen diesen empfundenen Hass.

Resultat/Reaktion der betreffenden Person: Die Menschen ziehen sich zurück. Die Gefühle, die in ihnen von Lena erzeugt wurden, beinhalten oft Hass oder Zorn, da sie verletzt wurden.

Fazit: Lena ist allein und erfährt keine Liebe. Die selbsterfüllende Prophezeiung erfüllt sich im Denken, dass alle sie hassen.

7.
Partnersuche und Beziehungen

7.1 Veränderungen in Langzeitbeziehungen

Maximilian war fast 30 Jahre lang verheiratet. Er hatte zwei Kinder, ein schönes Haus mit Garten und einen gut situierten Job als Vertriebler. Dadurch war er auch öfters beruflich im Ausland unterwegs, was bedeutete, dass er teils für mehrere Wochen am Stück aus dem Haus war. Die Jahre sind in seiner Beziehung vergangen, alles folgte stets einem routinierten Ablauf. Wenn Maximilian nach einigen Wochen Geschäftsreise wieder daheim war, ging er seinen Hobbys nach. Denn er war nicht nur jeden Mittwoch im Tennisclub – nein, samstags ging er immer Golf spielen und jeden zweiten Sonntag ging er mit seinem besten Freund Florian joggen. So handhabe er es über 30 Jahre hinweg.

Auch Maximilians Ehe verlief nach klaren Regeln. Seine Frau Erika war Hausfrau, Ehefrau und Mutter. Die klassische Rollenverteilung. Aber die Kinder wurden immer älter und würden bald ausziehen. Da entschied sich Erika, einen Kurs zum Thema Nähen zu besuchen. Dieser Nähkurs veränderte Erika. Sie lernte dort viele interessante Frauen kennen, mit denen sie sich auch außerhalb des Kurses traf. Als sie von einer dieser Freundinnen zum Kaffeeklatsch nach Hause eingeladen wurde, lernte sie dort eine Frau kennen, die sich mit dem Nähen selbstständig gemacht hatte. Dies erweckte in Erika großes Interesse, sodass sie die Dame über alle Aspekte ihrer Selbstständigkeit ausfragte. Fortan fing sie an, sich immer mehr mit diesen Fragen auseinanderzusetzen: Wie macht man sich selbstständig? Was muss ich dabei beachten? Wie erreiche ich meine Zielgruppe? Deshalb besuchte sie einige Veranstaltungen, um sich das nötige Knowhow anzueignen.

Schließlich machte Erika sich auch selbstständig und verkaufte ihre selbstgenähten Kleidungsstücke auf Messen, Flohmärkten und anderen Veranstaltungen. Dadurch veränderte sie sich nicht nur charakterlich. Denn zuvor war Erika „nur" eine Hausfrau, Ehefrau und Mutter. Vielleicht war sie auch schon ein wenig unscheinbar in den Augen ihres Mannes geworden, aber nicht aus böser Absicht, sondern aus Gewohnheit.

Dadurch, dass Erika sich nun zur Geschäftsfrau entwickelte, veränderte sich auch ihr Selbstbewusstsein und somit ihr ganzes Selbstwertgefühl. So begann sie, sich anders zu kleiden, wodurch sie auch an positiver Ausstrahlung gewann. Während sie früher viel zu Hause herumgesessen hatte, war sie nun unternehmungslustig und voller Tatendrang und viel seltener daheim. Dies beeinflusste natürlich auch ihre Beziehung. Denn Erikas Mann war sehr routiniert und bekam leider sehr wenig davon mit, dass sich das Wesen seiner Frau innerlich und äußerlich veränderte. Er sah nur, dass sie sich selbstständig machte und eigenes Geld verdiente. Dass sie hin und wieder unterwegs war. Mehr sah er leider nicht. Wenn er von einer seiner Geschäftsreisen zurück nach Hause kam, hatte er natürlich dieselben Erwartungen, die er die letzten 30 Jahre lang gehabt hatte: dass alles routinemäßig abläuft. Jedoch kam es immer häufiger vor, dass er seine Wäsche nicht wie gewohnt gebügelt vorfand und auch niemand mehr zu Hause auf ihn wartete.

Maximilian hinterfragte diese Veränderungen leider nicht, sondern beklagte sich nur darüber, dass die gewohnte Routine verloren ging. Seine Ehefrau dagegen beklagte sich, dass er nicht mit ihrer Veränderung mithalten und sie nicht darin unterstützen würde und ihr auch keine Wertschätzung und Anerkennung für ihre neue Betätigung gäbe. Während Maximilian dachte, dass seine Frau nun auf dem Egotrip sei und ihn vernachlässigen würde, begann er zu schmollen. Denn er wünschte keine Veränderung und wollte eigentlich, dass alles so bleibt wie es schon immer war. Sein Verhalten löste in Erika die Haltung aus, dass sie nun noch mehr ihr eigenes Leben leben wollte.

Auch dies ist ein Beispiel für die selbsterfüllende Prophezeiung, selbst wenn es auf den ersten Blick nicht so klar ist. Denken erzeugt Verhalten und dies wiederum erzeugt Ergebnisse. Und letztendlich werden dann auch die Gedanken erneut bestätigt, welche zu Anfang gedacht wurden. Das war in diesem Beispiel der Fall, als Maximilian schmollte, weil weiterhin alles routinemäßig ablaufen sollte, damit er sein gewohntes Leben weiter unverändert leben konnte. Maximillians Denken basierte auf der Maxime, dass sein Eheleben primär auf die Befriedigung seiner eigenen Bedürfnisse ausgerichtet war. Sein Egoismus löste in seiner Frau das Gefühl aus, dass sie nicht nur alleine war, sondern sich auch in keinster Weise selbst verwirklichen konnte. Alles entsprach den Vorstellungen ihres Mannes, jedoch niemals den ihrigen. Dies veranlasste Erika dazu, mehr für sich selbst zu sorgen, neue Wege zu beschreiten und eigene Projekte aufzubauen.

Denken: Maximilian denkt: „Alles soll meiner Komfortzone entsprechend eingerichtet sein und beim Alten bleiben. Ich will Routine." Er zeigt keine Anerkennung oder Respekt, unterstützt seine Frau nicht in ihren Bedürfnissen und Wünschen, sondern denkt nur an sich selbst.

Gefühl: Belanglos, eingeschlafen, Gewöhnung, komfortabel, Egoismus, Selbstverständlichkeit.

Verhalten: Maximillian nimmt alles als selbstverständlich hin und geht seinem alten Trott nach. Alles ist eine Gewohnheit und er zeigt keine Leidenschaft, Wertschätzung und Anerkennung für seine Frau.

Resultat/Reaktion der betreffenden Person: Seine Frau verlässt ihn. Maximilian verliert seine Routine und wird aus seiner Komfortzone gedrängt.

Fazit: Dadurch, dass Maximilian von seiner Frau verlassen wurde, geriet seine heile Welt aus den Fugen, sodass der Gedanke, dass er seine Routine und seine Komfortzone verlieren könnte, sich in der selbsterfüllenden Prophezeiung bewahrheitet hat.

7.2 Eifersuchtsgedanken

Als Mann oder Frau Eifersucht zu verspüren, ist normal. Aber krankhafte Eifersucht kann unsere Lebensqualität stark beeinträchtigen.

Beispiel 1: Angst, verlassen zu werden

Oft ist die Eifersucht damit verbunden, dass die betreffende Person denkt, dass sie verlassen werden könnte. In diesem Beispiel würde das dann folgendermaßen aussehen:

Denken: Die Person, die ich liebe, verlässt mich.

Gefühl: Angst, verlassen zu werden.

Verhalten: Kontrolliert – will alles wissen – wird sofort eifersüchtig, wenn die Person mit jemand anderem spricht. Agiert dann mit Vorwürfen.

Resultat/Reaktion der betreffenden Person: Wehrt sich gegen die Kontrollsucht, entgegnet mit Streit, möchte Ruhe und Freiheit haben – so lange, bis sie Reißaus aus der Beziehung nimmt.

Fazit: Die eifersüchtige Person wird von der Person, die sie liebt, verlassen und somit erfüllt sich die selbsterfüllende Prophezeiung.

Beispiel 2: Angst, betrogen zu werden

Rina wartete schon sehr lange auf ihren Mann Jake. Er hätte sich eigentlich schon längst bei ihr melden müssen. Sie schaute auf ihre Uhr – es war jetzt 22 Uhr. Vor genau drei Stunden hätte er schon in den USA ankommen müssen. „Ich wusste es doch", dachte sich Rina. „Da läuft doch etwas mit seiner Sekretärin. In letzter Zeit hat er noch viel mehr Überstunden gemacht als sonst."

Wütend schnappte Rina sich das Smartphone und rief ihren Jake an. Sie hatte Angst, von ihrem Mann betrogen zu werden und war überzeugt, dass er in diesem Moment bei seiner Sekretärin war. Deshalb beschimpfte sie Jake aufs Übelste und machte ihm Vorwürfe. Nach einer Weile hörte sie nur Piep. Sie hatte ihm die ganze Mailbox vollgequatscht.

In letzter Zeit hatte Jake immer sehr viel gearbeitet und nur wenig Zeit für sie gehabt. Rinas Gedanke, „wenn Jake sich jetzt nicht sofort bei mir meldet, wird er wohl bei seiner Sekretärin sein", brachte ihr Gefühlsleben total durcheinander. Ihre aufgestauten Emotionen ließ sie an ihrem Partner aus. Dies führte dazu, dass Jake, nachdem er seine Mailbox abgehört hatte, schon nach den ersten drei Sätzen abschaltete. Er hatte einfach genug gehört. Er hatte gerade unglaublich viel Stress hinter sich. Erst musste sein Flugzeug wegen eines Unwetters zwischenlanden. Dann hatte er auch noch Probleme beim Einchecken ins Hotel bekommen, da er durch einen technischen Fehler nicht im System registriert war.

Bei dem ganzen Stress hätte er sich zumindest eines gewünscht: dass seine Frau ihn aufmuntert, aufbaut und solche Sätze sagt wie: "Jake, ich hoffe, dass alles in Ordnung ist. Ich mache mir Sorgen." Nach dem ganzen Stress wollte er nur noch essen gehen und ins Bett. Am nächsten Morgen hatte er wichtige Meetings und musste dafür erst einmal den Kopf freibekommen. Da er ja nun mal mit seiner Sekretärin verreiste, bot es sich natürlich an, mit ihr essen zu gehen. Das Verständnis, Mitgefühl, die Motivation sowie die Aufmunterung für diesen und den nächsten Tag bekam er von seiner Sekretärin. Das, was seine Frau ihm nicht gab, bekam er dann von ihr. Aus diesem Grund – wie sollte es auch anders sein – verliebte sich Jake in seine Sekretärin und somit erfüllte sich die selbsterfüllende Prophezeiung.

Denken: Jake betrügt mich. Ich verliere ihn.

Gefühl: Angst, betrogen zu werden. Zorn, Verlustangst, das Gefühl, keine Wertschätzung mehr zu erhalten.

Verhalten: Aufgrund der Angst, betrogen zu werden, war Rita verletzt und so machte sie Jake Vorwürfe, schrie ihn an, beschimpfte ihn, etc. und verletzte ihn damit.

Resultat/Reaktion der betreffenden Person: Jake reagierte in diesem Fall trotzig (andere Personen hätten vielleicht auch mit Gegenabwehr reagiert). Jake vermied die Konfrontation und entwickelte eine Abneigung gegen seine Frau. Er suchte Verständnis, Mitgefühl, Motivation und Aufmunterung und fand sie bei seiner Sekretärin. Er fand in ihr all das, was er von seiner Frau nicht bekam. Letztendlich verliebte er sich in seine Sekretärin.

Fazit: Durch Ritas Gedanken, dass Jake sie betrügt, hat sie sich ihm gegenüber so verhalten, dass sie ihn in die Arme einer anderen Frau getrieben hat.

Beispiel 3: Eifersüchtig machen – Angst, nicht mehr geliebt zu werden

Thorsten hat schon lange das Gefühl, dass er von Freya nicht mehr geliebt wird. Er denkt, dass er ihre Beziehung beleben und neue Leidenschaft erwecken kann, indem er sie eifersüchtig macht.

Er flirtet mit anderen Frauen und erzählt Freya davon. Freya reagiert aber nicht wie Thorsten das erwartet hatte. Nein, ganz im Gegenteil. Sie macht ihm heftige Szenen, Vorwürfe und beschimpft ihn, bis die ganze Situation eskaliert. Die Folge ist, dass die Beiden erst einmal auf Funkstille schalten. Nach einer Weile versöhnen sie sich jedoch wieder und haben auch wieder Sex. Aber nicht so wie Thorsten es sich erhofft hatte. Also probiert er es hin und wieder erneut mit der Eifersuchts-Masche. Wenn er mit Freya spazieren geht, dann dreht er sich nach anderen Frauen um. Manchmal macht er dazu noch Bemerkungen wie: „Wow, heiß." Freya ist zutiefst verletzt – vor allem, wenn diese Frauen sich auch noch über Thorstens Verhalten amüsieren und er ihnen ein erhabenes Grinsen zu wirft. Immer wieder kommt es zu Streit. Irgendwann eskaliert es so stark, dass Freya Thorsten verlässt. Sein Verhalten ist ihr gegenüber sehr respektlos und sie fühlt sich als Frau auch nicht gut behandelt. Für ihr Selbstwertgefühl, ihre Ehre und ihren Stolz verlässt sie ihn. Thorsten fühlt sich in seiner selbsterfüllenden Prophezeiung bestätigt: Sie liebt mich nicht mehr.

Sein Denken: Sie liebt mich nicht mehr.

Sein Gefühl: Angst, sie zu verlieren.

Sein Verhalten: Er flirtet mit anderen Frauen und sieht sich nach anderen Frauen um.

Das Resultat/Reaktion der betreffenden Person: Es kommt zu Streitigkeiten, Beschimpfungen, Vorwürfen und der Eskalation bis zur Trennung.

Fazit: Thorsten erhält eine Bestätigung seiner Gedanken, dass Freya ihn nicht mehr liebt und somit konnte die selbsterfüllende Prophezeiung eintreffen.

7.3 Der Glaube, besser ohne Partner zu sein

Iris hatte keine sehr glückliche Kindheit erlebt. Ihr Vater hatte ihre Mutter früh verlassen. Leider bezahlte er auch keinen Unterhalt und brach den Kontakt vollständig ab. Er war von heute auf morgen für immer aus ihrem Leben verschwunden. Dies belastete Iris sehr stark. Es war eine sehr schwere Zeit für sie und ihre Mutter gewesen. Das Geld war stets knapp und reichte nur für die allernötigsten Ausgaben.

So begann Iris zu glauben, dass sie Männern generell nicht vertrauen kann, dass sie unzuverlässig seien und man besser ohne sie dran sei. Schon in der Schulzeit vermied sie den Kontakt zu Knaben. Auf die gleichaltrigen Jungen wirkte Iris sehr arrogant, denn sie verhielt sich ihnen gegenüber nicht nur kontaktscheu, sondern auch überheblich, herablassend und verachtend. Aber all diese Verhaltensweisen waren ihr nicht bewusst. Sie bemerkte nur immer wieder, dass die Buben sich ihr gegenüber komisch verhielten. Erst kamen die Jungs auf sie zu und dann verschwanden sie wieder.

Iris konnte sich einfach nicht erklären, woran das lag. Auch erzählte sie ihrer Mutter davon und diese bestätigte ihr ebenfalls wieder den Glaubenssatz: „Männer sind unzuverlässig – besser, Du schaffst Dir nie einen an!"

So vergingen die Jahre. Iris war nun erwachsen und arbeitete in einer Fleischfabrik. Jeden Tag um neun Uhr kam der Lieferant Jonathan, um das Fleisch abzuholen. Jeden Tag überwachte Iris das Fleisch und regelte die Formalitäten. Jonathan begrüßte sie freundlich und versuchte, ein wenig Small Talk mit ihr zu halten. Doch Iris ließ sich nie darauf ein. So vergingen die Jahre und Iris lebte stets mit dem Gedanken: „Männer sind unzuverlässig und es ist besser, ohne sie zu sein." Dies veranlasste sie, auch wirklich ihr ganzes Leben ohne Mann zu leben. Das Ergebnis war, dass sie alle Männer ignorierte und sich stets von ihnen distanzierte.

Ihr Denken: Männer sind unzuverlässig, nicht vertrauenswürdig und das Leben ist besser ohne sie.

Ihr Gefühl: Misstrauen, Argwohn, Ängste, Vorurteile.

Ihr Verhalten: Kontaktscheu, überheblich, herablassend, verachtend, arrogant, usw.

Das Resultat/Reaktion der betreffenden Personen: Die Männer zeigten nur kurzweilig Interesse und verschwanden dann schnell wieder. Dieses Verhalten der Männer verletzte Iris stark und ließ sie denken, dass alle Männer unzuverlässig und nicht vertrauenswürdig sind und es besser wäre, allein zu sein.

Fazit: Durch Iris´ Verhalten hatte sie die Reaktionen in Männern hervorgerufen, die sie von ihnen auch erwartet hatte. Nämlich, dass diese schnell wieder verschwinden. So wurde ihre selbsterfüllende Prophezeiung erfüllt und ihre Gedanken hatten sich bestätigt.

7.4 Einsamkeit, ohne Freunde und Partner

Semus zog aus beruflichen Gründen allein in eine neue Stadt, wo er niemanden kannte. Selbst seine Arbeitskollegen waren ihm alle fremd. Seine Familie wohnte 450 Kilometer weit entfernt. Am Wochenende mal nach Hause fahren? Einerseits war das von der Zeit her sehr stressig und knapp, andererseits fehlte ihm auch das Geld dafür. So verbrachte Semus anfangs seine Freizeit noch damit, sich in seiner neuen Wohnung einzurichten und seine Umgebung kennenzulernen. Anfangs war alles neu, es war total spannend und aufregend und es erzeugte ein gewisses Prickeln, die neue Umgebung zu erkunden. Aber irgendwann hatte er alles gesehen und es wurde ihm vertraut. Schnell stellte sich Langeweile ein. „Alleine ins Kino? Nee, das ist doch voll öde", dachte sich Semus. Oder sich alleine ins Café oder Restaurant setzen? Ja, ab und zu machte er das. Aber es war langweilig – so einsam.

Da verbrachte Semus die Zeit lieber vorm Fernseher oder vorm Computer. Wenn er seine Kollegen vom Wochenende erzählen hörte, dann seufzte er. Er hatte leider nichts zu erzählen, außer der News des Tages, die aber auch die Anderen schon lasen. So kam es, dass er sich nicht an den Gesprächen beteiligte und bald schon als Einzelgänger bekannt war. Wenn er mit seiner Familie telefonierte, dann fragte ihn seine Mutter jedes Mal aus: „Wie geht es Dir? Was machst Du? Hast Du Dich schon eingelebt und neue Leute kennengelernt?"

Diese Fragen nervten ganz schön. „Nein", entgegnete Semus, „Ich kenne hier niemanden."

„Warum fragst du nicht deine Arbeitskollegen." „Die haben Familie."

„Ja, dann geh doch selbst zu einem Tanzkurs für Singles oder zu einem Sportkurs. Da kann man doch immer Leute kennenlernen."

Semus überlegte lange. Er recherchierte im Internet nach einigen Sportkursen und meldete sich in einem Sportclub an. Dort konnte er dann alle Kurse einmal ausprobieren und in jedem Kurs waren auch unterschiedliche Leute, die er kennenlernen konnte. Semus probierte alle Kurse aus und versuchte auch Small-Talk zu führen, aber es gelang ihm einfach nicht. Irgendwann hatte er so die Nase voll vom Single- und Alleinsein, dass er sich bei einem Datingportal anmeldete. Semus lernte auch wirklich eine Frau kennen und verabredete sich mit ihr. Leider aber funktionierte es nicht ganz so wie er es sich erhofft hatte und so gingen sie letztendlich wieder getrennte Wege. Was ist hier passiert?

Denken: „Ich bin allein und will unbedingt jemanden kennenlernen!"

Verhalten: Er verkrampfte sich total, war unentspannt und nicht locker, was sich auch auf seine Ausstrahlung auswirkte und sein Verhalten Anderen gegenüber ungünstig beeinflusste.

Resultat/Reaktion der betreffenden Person: Semus verkrampftes Verhalten, ausgelöst durch den Wunsch, unbedingt jemanden kennenlernen zu wollen, stieß seine Mitmenschen ab.

Fazit: Somit wurden auch hier wieder die Gedanken: „Ich will unbedingt jemanden kennenlernen, denn ich will nicht allein sein", bestätigt. Der Wunsch bleibt weiterhin bestehen, da Semus weiterhin allein bleibt.

Umgekehrtes Beispiel:

Was wäre gewesen, wenn Semus sich von dem Wunsch, jemanden kennenzulernen gelöst hätte. Wenn er sich entspannt hätte und locker gewesen wäre? Stellen Sie sich doch einmal vor: Semus wäre an jedem Sonntag eine große Runde gejoggt und hätte trainiert, um z. B. beim nächsten Marathon mitzulaufen. Davon hätte er seinen Arbeitskollegen erzählen können. Vielleicht hätte er sich auch einen Hund oder eine Katze anschaffen können. Oder was wäre gewesen, wenn Semus in einen Sportclub eingetreten wäre und erst einmal nur seine Hobbys eine Rolle für ihn gespielt hätten?

Denken: „Zuerst einmal baue ich mir hier ein neues, eigenes Leben auf, damit ich mich bald in dieser Stadt wohlfühlen kann. Wenn es mir gutgeht, kann ich auch selbst besser auf andere Leute zugehen und neue Kontakte knüpfen. So wird es sich dann von selbst ergeben, dass ich neue Freunde und auch eine Partnerin finde.

Verhalten: Semus ist total entspannt, ruht in sich selbst und strahlt Lebensfreude aus. Dadurch, dass er selbst viel unternimmt, hat er auch stets viele lustige, spannende oder aufregende Anekdoten zu erzählen.

Resultat/Reaktion der betreffenden Person: Semus hat so eine tolle Ausstrahlung, dass Kollegen oder Bekannte sich gern mit ihm unterhalten und auch gern mal etwas mit ihm unternehmen.

Fazit: Semus hat sich in einer fremden Stadt ein neues, eigenes Leben aufgebaut, sodass er sich dort wohlfühlt. Dadurch, dass er sich selbst gut fühlt, fällt es ihm leicht, auf andere Menschen zuzugehen und neue Kontakte zu knüpfen. So hat es sich von selbst ergeben, dass er neue Freunde und sogar eine Partnerin gefunden hat. Somit trat die selbsterfüllende Prophezeiung für ihn ein.

7.5 Der Glaube, bei Frauen kein Glück zu haben

Beispiel 1: Ich habe bei dieser Frau keine Chancen

Schon lange hatte Hans ein Auge auf Floris geworfen. Sie war bildschön und sehr beliebt. Als sie noch zusammen zur Schule gingen, war Hans schon heimlich in sie verliebt gewesen, doch kämpfte er kontinuierlich gegen seine Gefühle an. Denn er glaubte zu wissen, dass er keine Chance bei ihr haben würde. So blieb ihm nur der Trost, dass er sie weiterhin aus der Ferne bewundern konnte. Eines Tages zog Floris in eine andere Stadt. Das war ein Schock für Hans. Er war völlig fassungslos und brauchte einige Jahre, um darüber hinweg zu kommen. So verstrichen die Jahre bis Hans Floris so einigermaßen aus dem Gedächtnis verbannt hatte. Nun machte er sich bewusst, dass er sich auf andere Frauentypen konzentrieren sollte, wenn er nicht allein bleiben wollte.

So gab er Frauen, die eigentlich überhaupt nicht seinem Geschmack entsprachen, eine Dating-Chance. Jedoch wollte der Funke einfach nie über springen. „Gib ihnen eine zweite Chance. Liebe auf den ersten Blick gibt es nicht", sagte seine Mutter. Gesagt getan, aber Hans überkam auch keine Liebe auf den zweiten Blick. Dies probierte er über einige Jahre mit verschiedenen Frauen aus. Eine ganze Weile lang führte Hans eine Beziehung mit Babette, bis er einfach keine Lust mehr dazu hatte. Er war völlig entschlossen, Babette nun den Laufpass zu geben.

Gegen Abend nahm er sein Telefon und wählte ihre Nummer. Es klingelte sehr lange, bis Babette ans Telefon ging. Sie verabredeten sich für den nächsten Tag im dem kleinen Café an der Ecke zum Stadtpark. Nach einem kurzen Gespräch kam Hans auch gleich zur Sache und erklärte Babette, dass er sie leider nicht lieben würde und daher nicht länger mit ihr zusammen sein möchte. Wütend und enttäuscht zugleich stand Babette auf, beschimpfte ihn mit einigen negativen Äußerungen und verließ das Café. Hans schluckte. Er fühlte sich jetzt erleichterter – er wollte doch ehrlich sein und wo nun mal keine Liebe ist, dort kann leider auch keine entstehen.

Just in diesem Moment betrat seine alte Flamme Floris das Café. Sie war noch schöner geworden. Aus dem einstigen sehr hübschen Mädchen aus der Schule war nun eine wunderschöne charismatische Frau geworden. Sie hatte noch viel mehr Esprit als früher. Hans bemerkte, wie bewundernde Blicke auf sie gerichtet wurden.

Floris stand in der Tür und schaute sich um. Hans, der die ganze Zeit auf Floris starrte, bemerkte nun, dass Floris genau in diesem Moment seinen Blick erwiderte. Schnell drehte er sich um. Sein Herz klopfte ihm bis zum Hals. „Oh, Gott", dachte er sich. „Hoffentlich hat sie nicht gesehen, dass ich sie angestarrt habe."

Floris ging zu Hans´ Tisch. „Hallo Hans. Erinnerst Du Dich noch an mich?

Wir kennen uns von früher aus der Schule." Hans drehte sich mit pochendem Herzen zu Floris um.

„Was will sie denn von mir?", dachte Hans. Unwohl in seiner Haut und mit einem zutiefst verklemmten Gefühl brachte er ein zögerndes „Ja" heraus.

Floris fragte ihn, ob sie sich zu ihm setzen könne. Hans starrte sie verwundert an. Er war so völlig verdattert, dass er nicht antworten konnte. Floris stand noch einige Sekunden da. Dann drehte sie sich um und verließ das Café. Hans in einem regungslosen Zustand, konnte nicht fassen, dass Floris ihn fragte, ob sie sich zu ihm setzen könnte. Floris, die Frau in die er schon in Jugendjahren verliebt war. Die jetzt eine so atemberaubende Frau war, nach der sich jeder Mann verzehrte. Die sich an jeden X-beliebigen Tisch hätte hinsetzen können. Und viele der Tische waren sogar noch frei. Auf seinem kleinen Bistrotisch war eigentlich noch nicht einmal mehr Platz für ein Glas Wasser gewesen, da der Wirt die Getränke von Babette noch nicht abgeräumt hatte.

Ja, Floris wollte sich ausgerechnet zu ihm, dem Hans, an den Tisch setzen. Unfassbar. Er, wo er doch ein Niemand war, so ein kleiner unscheinbarer Nerd. Was sollte eine Frau wie Floris schon von so einem wie ihm wollen. „Nichts Besonderes. Vielleicht wollte sie einfach nur nicht alleine hier sitzen, weil es ihr peinlich ist, in einem Café alleine an einem Tisch zu sitzen. Obwohl eine Frau wie Floris doch eigentlich vor

Selbstvertrauen strotzen müsste." Hans verdrängte die Gedanken. Eine Frau wie Floris würde für ihn immer eine Traumfrau sein, nie erreichbar.

In diesem Beispiel sehen Sie, was passieren kann, wenn wir uns Dinge einreden.

Denken: Hans dachte, dass er nicht gut genug für Floris sei und keine Chance bei ihr habe. Er glaubte, dass sie nie zusammenkommen könnten.

Verhalten: Er mied jeglichen Kontakt und war Floris gegenüber distanziert. Auch fühlte er sich in ihrer Gegenwart minderwertig. Deshalb brachte er auch keinen Ton heraus, als sie vor ihm stand.

Resultat/Reaktion der betreffenden Person: Floris sprach ihn zwar an, da sie aber keine Antwort bekam, ging sie wieder, weil sie sein Verhalten so interpretierte, dass er nichts mir ihr tun haben wollte. Sie suchte ihn auch nie wieder auf und die Folge war, dass sie auch keine Chance mehr haben würden, zusammenzukommen.

Fazit: Hans erhielt die Bestätigung seiner Gedanken: Dass er nicht gut genug für Floris sei und keine Chance bei ihr habe. Er glaubte, dass sie nie zusammenkommen würden. Somit konnte diese selbsterfüllende Prophezeiung eintreten.

Beispiel 2: Flirten will gelernt sein

Nach wie vor gilt ja noch immer, dass eher Männer Frauen erobern. Aber was ist, wenn man schüchtern ist und Angst vor Ablehnung hat? So erging es auch Nils. Wenn er Alkohol trank, war er mutig genug, Frauen auf der Piste anzusprechen. Dann hatte er auch immer einen flotten Spruch parat: „Hey Schönheit. Wo hast du dich bisher rumgetrieben? Nach dir habe ich immer gesucht." Oder: "Endlich habe ich dich gefunden, meine zukünftige Frau." „Heute Abend schon was vor?" „Hey, wo bleibt meine Gute-Nacht-SMS'?" Sexistische Sprüche hatte er sich abgewöhnt, da ihn Frauen daraufhin eher abwiesen. Aber auch seine jetzigen Sprüche kamen nie gut genug an. „Ey Digga, du musst mal die Frauen ohne Alk anquatschen!", sagten ihm seine Kumpels.

Er kaufte sich viele Ratgeber. „Was ist eigentlich Flirten?" Darunter versteht man eine erotische Annäherung, um zuerst einmal einen lockeren Kontakt zwischen Personen herzustellen. Auf der Piste suchte er immer den Blickkontakt, dieser wurde jedoch kaum erwidert. Er lächelte, grinste, musterte, neckte und versuchte auch körperlich den Kontakt herzustellen, indem er gelegentlich den Arm oder die Hand seiner Auserwählten streifte. Aber dennoch funktionierte es nicht.

Und ohne Alkohol traute er sich nicht. Außerdem hatte er sich schon viele Abfuhren eingefangen. Die meisten Frauen in seinem Beuteschema waren bereits vergeben. Einmal versuchte er es sogar mit einem T-Shirt mit der Aufschrift: „Ich bin Single. Sprich mich an!" Aber auch dies führte nicht zum Erfolg.

In den sogenannten Ratgebern, die Nils las, wurde immer wieder erwähnt, dass Männer einerseits Komplimente machen, diese aber anderseits aber auch wieder zurücknehmen sollten. Was sich in etwa anhörte, wie: „Du hast ein hübsches Gesicht, aber ich werde dir jetzt kein Kompliment machen."

Oder: „Hübsche Schuhe, aber sie passen nicht zu deinem Outfit." „Du bist hübsch, aber deine Klamotten sind furchtbar."

Eigentlich hoffte Nils, dass er dadurch in ein Gespräch mit den Frauen geraten würde. Er hoffte instinktiv, dass sie sich auf ein Gespräch mit ihm einlassen würden und ihn fragen, was er für Verbesserungsvorschläge hätte und mit ihm darüber diskutieren.

Jedoch war er damit auch nicht erfolgreich. „Ich kann einfach nicht flirten", sagte Nils, wenn er mal wieder eine Abfuhr einkassierte.

„Jeder kann flirten. Sei locker. Zeige dein Interesse. Höre zu. Sei nicht so draufgängerisch – das verschreckt. Gib den Frauen ein gutes Gefühl", empfahlen ihm seine Kumpels.

„Wie soll ich das denn machen?", fragte Nils.

„Melde dich doch bei Partnerbörsen an. Die Leute dort suchen nach einem Partner. Da musst du keine Befürchtung haben, dass sie vergeben sind", rieten sie ihm.

„Das ist eine gute Idee", dachte Nils und meldete sich bei einer Partnerbörse an.

Er schrieb seine koketten Sprüche, die dort wirklich gut ankamen. Es war erstaunlich. Nur einer seiner bisherigen Sprüche reichte und die Frauen sprangen darauf an. Er befolgte auch die Ratschläge seiner Kumpels. Hörte zu, ging auf das Gesagte ein, interessierte sich für sein Gegenüber und umso mehr er merkte, dass dies gut ankam, traute er sich auch immer mehr, sich zu öffnen und aus sich herauszukommen. Er machte Witze, benutzte dafür auch viele Smileys, um sicherzugehen, dass diese auch als Witz verstanden würden und hatte damit später die Qual der Wahl: „Wen sollte ich jetzt auf ein Date einladen?"

So hatte die Voraussage seiner Kumpels sich erfüllt: Jeder kann flirten – also auch er. Nils verhielt sich nun dementsprechend und hatte dadurch auch eine positivere Einstellung zum Flirten gewonnen. So hatte sich die selbsterfüllende Prophezeiung seiner Kumpels ihm gegenüber bewahrheitet.

7.6 Flirten und Eroberungstechniken

Beim Thema Flirten und Eroberungen, aber auch beim Wiedererwecken der Leidenschaft spielt die selbsterfüllende Prophezeiung ebenfalls eine Rolle. Leider sind sich nur sehr wenige Menschen dessen bewusst. Daher empfand ich es als ein sehr wichtiges Thema, welches ich unbedingt noch mit in dieses Buch aufnehmen wollte.

Push-and-Pull-Technik

Viele Beziehungs- und Flirtratgeber oder Coaches empfehlen eine sogenannte Push-and-Pull-Technik. Diese kann jedoch in der selbsterfüllenden Prophezeiung nach hinten losgehen. Im Zweifel bewirkt sie das Gegenteil von dem, was sie eigentlich erreichen sollte.

Bei dieser Methode geht es darum, dass die Aufmerksamkeit der Person, die erobert werden soll, gewonnen wird. Push-and-Pull-Technik bedeutet demnach so viel wie „vor und wieder zurück". Das heißt, es wird erst ein Kompliment gemacht und dann wieder eine abwertende Bemerkung oder sogar ein verletzender Spruch. Dies soll dazu führen, dass Spannung erzeugt wird, um das Interesse der betreffenden Person zu steigern. Auch soll diese Methode dazu beitragen, im Gegenüber ein Gefühlschaos zu erzeugen. Die Person soll verunsichert werden, damit ihr Wunsch nach positiver Bestätigung wächst. Aber nicht nur durch Sprüche, sondern auch durch die Körpersprache. Mal wird eine liebevolle Umarmung angeboten und mal wird sie verweigert. Mal geht man offen auf die Person zu, ein anderes Mal distanziert man sich und verschränkt die Arme. Dieses abweisende Verhalten soll die Sehnsucht nach Nähe und den Wunsch nach Aufmerksamkeit erwecken. Männer neigen bei dieser Technik dazu, die Frau kleinzureden, um sich selbst besser darzustellen. Solch ein Verhalten kann sehr negative Emotionen in der Frau erzeugen.

Die Push-and-Pull-Technik setzt voraus, dass Frauen, die sonst sehr viel Aufmerksamkeit von Männern bekommen, besonders empfänglich für die abwertende Vorgehensweise sind. Tatsächlich sind vermutlich vor allem solche Männer damit erfolgreich, die ohnehin bei Frauen sehr beliebt sind und viele Frauen „haben" können. Jedoch ist bei dieser Methode sehr bedenklich, dass sie oft zu weit geht. Es kann schon sehr verletzend sein und bis zur schädlichen Manipulation der Psyche führen.

Ein natürlicher Instinkt von uns Menschen bringt uns dazu, etwas, das wir verlieren könnten, unbedingt halten zu wollen. Es erscheint uns in solchen Situationen rar und wertvoll und weckt unseren Jagdtrieb. Den anderen Menschen für sich zu gewinnen wird zu einem Triumph – wie ein Sieg und eine besondere Errungenschaft.

Das Spiel ist nur in Ordnung, solange es fair und von beiden Seiten nach den gleichen Regeln gespielt wird. Schließlich gehören ja auch immer zwei dazu. Aber wenn zu viele negative Emotionen im Gegenüber ausgelöst werden, kann es nicht funktionieren. Denn Verunsichern und Verwirren kann bei vielen Menschen auch eine Gegenreaktion auslösen. Diese sagen dann: „Ich habe einen sehr starken Selbstwert. Niemand darf mich so behandeln!" Oder: „Ich lasse mir so etwas nicht bieten!"

Die wenigsten Menschen, bei denen so negative Emotionen ausgelöst wurden, fühlen sich dann noch zum ehemaligen Partner hingezogen. Sie neigen stattdessen eher dazu, sich von diesem Menschen zurückzuziehen, oder ihn selbst zu beleidigen. Hierbei findet schon die selbsterfüllende Prophezeiung statt. Denn die ursprüngliche Denkweise war ja, ein Gefühlschaos im Gegenüber zu erzeugen. Durch das Erzeugen negativer Emotionen sollte Aufmerksamkeit geweckt werden.

Verhalten Sie sich dementsprechend abwertend, verletzend und beleidigend, bekommen Sie als Gegenreaktion eine beleidigende Reaktion zurück. Auch so wird die selbsterfüllende Prophezeiung erfüllt. In den meisten Fällen geht diese Methode nämlich tatsächlich zu weit und führt in den „Krieg". Und mit Krieg meine ich, dass es zu heftigen Streitigkeiten kommen kann, zu Beleidigungen, Rachegefühlen, bis hin zur totalen Funkstille.

Manche Beziehungscoaches empfehlen die Push-and-Pull-Methode auch Paaren, die sich schon trennten. Einer der beiden Partner glaubt, dass diese Methode dazu führen kann, dass sie wieder zusammenkommen und spielt das Spiel zu weit. Die Folge ist, dass es zur totalen Trennung kommt. Der Partner oder die Partnerinnen, die diese Methode angewandt haben, sind meistens noch beleidigt und/oder verletzt wegen der Reaktion ihres Partners bzw. der Partnerin. Leider waren sie sich nicht bewusst, dass dieses Spiel zu weit gespielt wurde und die selbsterfüllende Prophezeiung sich erfüllte.

Aber auch Eroberungstaktiken wie jemanden eifersüchtig zu machen, damit die betreffende Person wieder daran erinnert wird, was sie verlieren kann, können nach hinten losgehen. Es werden dann Verhaltensweisen angewendet wie zu spät nach Hause zu kommen oder überhaupt nicht zu einer Verabredung zu erscheinen. Auch wird anderen Personen hinterhergeschaut und mit ihnen geflirtet. Der Hintergedanke ist, dass Verlustängste im Partner ausgelöst werden sollen, damit wieder Gefühle der Leidenschaft erzeugt werden. Jedoch funktioniert es meistens nicht, da eher Gefühle geweckt wurden wie: Verletzung, Respektlosigkeit und Wut. Das Gefühl, geliebt zu werden geht verloren, was in vielen Fällen erst einmal zu Streit und dann womöglich in die Trennung führt.

Freeze-Out-Methode

Ein anderer Ansatz ist die Freeze-Out-Methode. Bei dieser Methode geht es darum, eine Pause einzulegen. Viele Männer tun dies kurz nachdem sie jemanden kennengelernt haben.

So raten Pick-Up-Artists oder Flirtcoaches in vielen Foren, auf YouTube oder in persönlicher Beratung Folgendes, wenn eine Frau sich zu einem Mann hingezogen fühlt, jedoch nicht bereit ist, mit ihm zu schlafen. So soll der Mann sich eine Weile zurückziehen. Der Mann zieht sich somit komplett zurück und stellt von seiner Seite her den Kontakt ein. Die Frau soll sich schuldig fühlen und denken, dass sie den Mann scheinbar verletzt hat. Es soll die Frau auch dazu bringen, dass sie sich wieder bei dem Mann meldet, da sie es nicht ertragen kann, dass er sie ignoriert.

Es ist ein gefährliches Spiel. Denn wie gesagt – es werden negative Emotionen in der Frau erzeugt und sie soll dem Mann hinterherlaufen. Viele Pick-Up-Artists übertreiben es noch – sie lassen die Frau selbst dann noch zappeln, wenn diese sich schon einige Male bei ihnen gemeldet hat. Da sie der Meinung sind, dass die Frau sich erst Mühe geben muss, sie den Mann zum Beispiel zu einem Essen einladen, bevor man sie wieder treffen will. Auch hier spielt die selbsterfüllende Prophezeiung eine Rolle, denn wenn die Frau zu sehr das Gefühl vermittelt bekommt, dass sie ihm nicht wichtig ist, wird sie das auch glauben und ihn nicht weiter kontaktieren. Aber auch, wenn sie erkennt, dass sie ihm hinterherlaufen soll, kann das Gefühl in ihr entstehen, dass sie das gar nicht nötig hat.

Bei dem Spiel Freeze Out wird genauso ein Gefühlschaos angerichtet wie beim Push-and-Pull. Übrigens wird diese Methode auch von einigen Frauen verwendet, nicht nur von Männern! Nur wie schon erwähnt, es ist ein gefährliches Spiel, was in den meisten Fällen nach hinten losgeht und leider das Gegenteil von Attraktion bewirkt.

Die Freeze-Out-Methode kann aber auch sinnvoll sein. Beispielsweise dann, wenn ein großer Streit stattgefunden hat, der von der Frau ausgegangen ist. Dann wird der Mann warten, ob sich die Frau mit einer Entschuldigung bei ihm meldet. Umgekehrt ist dies auch der Fall.

Auch wird die Methode dazu genutzt, um die Spannung zu steigern. Frauen verlieren oft sehr schnell das Interesse an einem Mann, wenn er ihnen „aus der Hand frisst". Und umgekehrt verlieren Männer ebenfalls schnell das Interesse an einer Frau, wenn sie zu sehr von ihnen abhängig ist und sie sich nicht mehr um sie bemühen müssen. Durch eine Kommunikationspause merkt der jeweilige Partner, dass sie die andere Person nicht mehr sicher haben, was wiederum den Jagdinstinkt wecken soll.

Jedoch ist hier Vorsicht geboten. Denn viele begehen den Fehler, im Partner Schuldgefühle erzeugen zu wollen. Und einen Menschen zurückbekommen zu wollen, weil dieser Gewissensbisse hat, wegen eines Fehlverhaltens ignoriert zu werden, ist nicht gerade gut. Denn es besteht schon ein großer Unterschied, von jemandem begehrt und deshalb von ihm erobert zu werden oder von jemandem erobert zu werden, der Schuldgefühle hat.

Eine Kontaktpause kann durchaus auch mal sinnvoll sein. Wenn das

Bedürfnis besteht, dies zu tun, dann sollte es auch getan werden. Jedoch ist es wichtig, dabei zu beachten, dass der Kontaktabbruch die Beziehung nicht erstickt. Denn hier läuft man schnell Gefahr, das Interesse des Anderen zu verlieren. Auch fördert die Funkstille nicht unbedingt das Vertrauen im Partner. Bei der Frau ist es eher so, dass sie vor allem Vertrauen benötigt, um sich auch sexuell einem Mann vollkommen zu öffnen und bei einem Mann benötigt es Vertrauen, um ihr sein Herz zu öffnen.

Merke: Durch ein Freeze Out wird kein Vertrauen erzeugt!

Mein Tipp: Achten Sie darauf, den Anderen nicht zu verletzen und nicht mit ihm zu spielen. Umso mehr schlechte Gefühle erzeugt werden, umso mehr kann das Gegenteil von dem bewirkt werden, was Sie erreichen möchten. Denken Sie auch hier an Ihre selbsterfüllende Prophezeiung!

8.
Übungen

8.1 Übung: Welche Gefühle werden bei meinen Mitmenschen durch mein Verhalten ausgelöst?

Jedes Mal, wenn wir eine Verhaltensweise ausführen, lösen wir damit auch ein Gefühl in unserem Mitmenschen aus, bevor dieser selbst eine Verhaltensweise ausführt. Diese Übung eignet sich auch besonders gut, um Perspektivwechsel und Empathie zu üben.

Anbei finden Sie einige Fragestellungen, um sich auch hierüber einmal Gedanken machen zu können:

Wenn Sie jemanden anschreien – welche Gefühle könnten Sie damit auslösen?

Wenn Sie jemanden kritisieren – welche Gefühle könnten Sie damit auslösen?

„Ich will Dich manipulieren" – welche Gefühle könnten Sie damit auslösen?

„Ich will Dir schaden" – welche Gefühle könnten Sie damit auslösen?

„Ich betrüge Dich" – welche Gefühle könnten Sie damit auslösen?

„Ich bin Dir untreu" – welche Gefühle könnten Sie damit auslösen?

„Ich belüge Dich" – welche Gefühle könnten Sie damit auslösen?

„Ich rede schlecht über Dich hinter Deinem Rücken" – welche Gefühle könnten Sie damit auslösen?

„Ich unterdrücke Dich" – welche Gefühle könnten Sie damit auslösen?

„Ich liebe Dich" – welche Gefühle könnten Sie damit auslösen?

„Ich will Dich glücklich machen" – welche Gefühle könnten Sie damit auslösen?

„Ich möchte Dich überraschen" – welche Gefühle könnten Sie damit auslösen?

„Ich liebe Dich nicht" – welche Gefühle könnten Sie damit auslösen?

„Ich gehe auf Distanz" – welche Gefühle könnten Sie damit auslösen?

„Ich rede nicht mehr mit Dir" – welche Gefühle könnten Sie damit auslösen?

„Ich bin Dir gegenüber abwertend" – welche Gefühle könnten Sie damit auslösen?

„Ich möchte Dir helfen" – welche Gefühle könnten Sie damit auslösen?

„Ich vertraue Dir" – welche Gefühle könnten Sie damit auslösen?

„Ich höre Dir zu" – welche Gefühle könnten Sie damit auslösen?

„Ich interessiere mich für Dich" – welche Gefühle könnten Sie damit auslösen?

8.2 Lösungsvorschläge: Welche Gefühle werden bei meinen Mitmenschen durch mein Verhalten ausgelöst

Mehrfach-Nennungen sind hier möglich! Welche sind Ihnen eingefallen?

- Ein ungutes Gefühl, Trauer

- Minderwertigkeit

- Unterdrückung

- Angst

- Verletzung

- Verletzung, Wut

- Erdrückt werden

- Freude

- Glück

- Vorfreude

- Trauer

- Verletzung, Ratlosigkeit

- Trauer, Schmerz, Verletzung

- Wut

- Beruhigend

- Verlässlichkeit

- Verstanden sein

- Geborgenheit

Übung 3:

Wenn Sie möchten, können Sie sich jetzt auch überlegen, welche Verhaltensweisen durch die ausgelösten Emotionen verursacht werden. Schreiben Sie dahinter, was Ihnen gerade dazu einfällt.

Mögliche Lösungen:

• Ein ungutes Gefühl, Trauer – weint, zieht sich zurück, will sich rächen

• Minderwertigkeit – wehrt sich, unterwürfig

• Unterdrückung – unterwürfig, wehrt sich

• Angst – wehren, verstecken, fliehen

• Trauer, Zorn – rächen, sich zurückziehen, Konfrontation suchen

• Verletzung – Kontakt abbrechen, zurückziehen, weinen

- Verletzung, Wut – anschreien, rächen, schlagen, sich wehren, zurückziehen

- Erdrückung – unterwürfig, sich wehren

- Freude – lachen, Liebe, strahlen, ebenfalls eine Freude machen

- Glück – lachen, strahlen, ebenfalls eine Freude machen

- Vorfreude – neugierig machen, Spannung erzeugen

- Trauer – Kummer, Schmerz, Verletzung

- Verletzung, Ratlosigkeit – Kummer, Schmerz, Trauer, weinen, Fragen stellen, Vorwürfe machen, anschreien, in Verzweiflung treiben

- Trauer, Schmerz, Verletzung – Wut, Zorn, Rache, Vergeltung üben wollen, zurückziehen, weinen

- Wut – Vergeltung üben wollen, zurückziehen, anschreien, schlagen, sich rächen

- Beruhigend – Sanftmut, Dankbarkeit

- Verlässlichkeit – Dankbarkeit

- Verstanden sein - Wertschätzung

- Geborgenheit – Liebe

8.3 Übung: Ihr Beitrag zu dem jetzigen Ergebnis

Wenn Ihr Partner besonders glücklich ist, Ihre ganze Familie gerade ein wunderschönes Fest zusammen gefeiert hat, Ihre Kinder glücklich und vergnügt sind, Sie gerade ein sehr interessantes und inspirierendes Gespräch führten, eine Gehaltserhöhung bekamen, ein super großartiges Sonderangebot fanden, eine Prüfung bestanden haben, gerade ein Kompliment bekamen, etc.

All diese positiven Glücksmomente und Erfolgserlebnisse in Ihrem Leben – lassen Sie diese einmal Revue passieren und fragen Sie auch hier einmal rückblickend nach, wie Sie diese in der selbsterfüllenden Prophezeiung erreicht haben:

Wie lautet Ihr Ergebnis bzw. in welcher Situation sind Sie gerade?

Wie haben Sie sich verhalten, um dorthin zu kommen? Wie haben Sie Ihren Beitrag dazu geleistet? Was haben Sie dafür getan? Wie sind Sie vorgegangen?

Wie haben Sie sich gefühlt?

Was haben Sie zuvor gedacht?

8.4 Übung: Ihre eigene selbsterfüllende Prophezeiung

Ihre jetzige Situation:

Was haben Sie gedacht?

Welche Gefühle entstehen dadurch?

Wie haben Sie sich daraufhin verhalten?

Wie war die Reaktion der Betroffenen, bzw. das Ergebnis?

Wie lautet Ihr Fazit?

8.5 Übung: Ihre eigene selbsterfüllende Prophezeiung kreieren

Welche Situation möchten Sie erschaffen?

Welcher Gedanke wird Ihnen dabei behilflich sein?

Welche Gefühle werden dadurch entstehen?

Wie werden Sie sich darauf verhalten?

Wie könnte die Reaktion der Betroffenen sein, bzw. das Ergebnis?

Wie wird Ihr Fazit lauten?

9.
Übungen
zur Vorhersage

9.1 Übungsaufgaben zur Vorhersage

Beispiel 1. Geschäftsreise

Fall: Lisa muss morgen zu einer Geschäftsreise zu einem neuen Standort ihrer Firma aufbrechen. Doch dort will sie gar nicht sein. Alles wird völlig anders sein. Und die Kollegen sind dort bestimmt auch nicht nett.

Was denkt Lisa?

Welche Gefühle werden ihr dadurch vermittelt?

Wie wird sie sich daraufhin verhalten?

Was könnte die Reaktion der Betroffenen sein, bzw. das Ergebnis?

Wie lautet das Fazit?

Beispiel 2. Beziehungsdauer

Einstellung: Ich habe kein Glück mit Männern/Frauen. Bei mir hält sowieso keine Beziehung.

Was denken diese Menschen?

Welche Gefühle werden ihnen dadurch vermittelt?

Wie werden sie sich daraufhin verhalten?

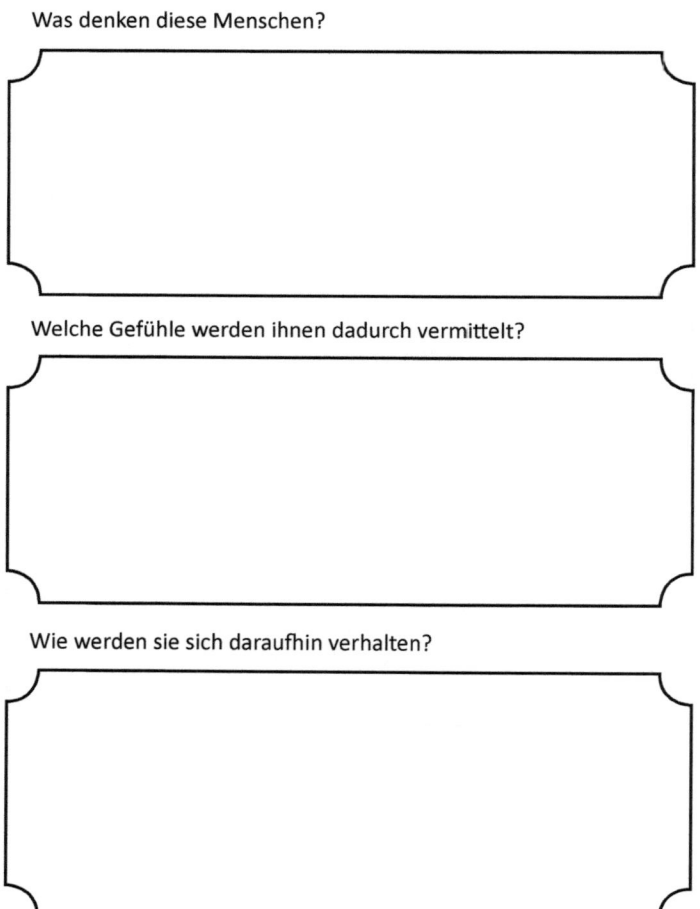

Wie lautet das Fazit?

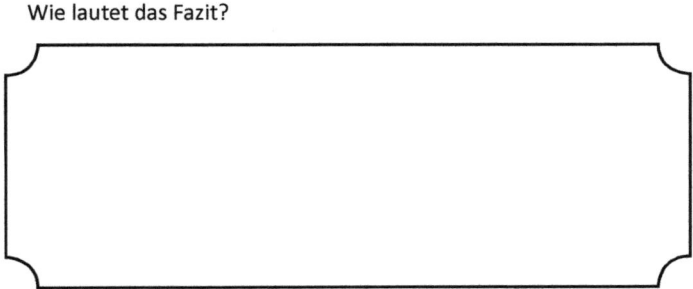

Beispiel 3. Verkaufen

Behauptung: Ich kann nichts verkaufen.

Was wird gedacht?

Welche Gefühle entstehen dadurch?

Wie wird sich daraufhin verhalten?

Was könnte die Reaktion der Betroffenen sein, bzw. das Ergebnis?

Wie lautet das Fazit?

Beispiel 4. Stereotypen andere Kultur/Land

Vorurteil: Alle Menschen, die vom Mond kommen, stehlen. Da müssen wir aufpassen.

Was wird gedacht?

Welche Gefühle entstehen dadurch?

Wie wird sich daraufhin verhalten?

Was könnte die Reaktion der Betroffenen sein, bzw. das Ergebnis?

Wie lautet das Fazit?

Beispiel 5. Stereotypen äußeres Erscheinungsbild

Vorurteil: Alle Menschen mit grünen Haaren sind weniger intelligent.

Was wird gedacht?

Welche Gefühle entstehen dadurch?

Wie wird sich daraufhin verhalten?

Was könnte die Reaktion der Betroffenen sein, bzw. das Ergebnis?

Wie lautet das Fazit?

Beispiel 6. Zusammenarbeit

Meinung: Mit diesen Leuten möchte ich nicht zusammenarbeiten.

Was wird gedacht?

Welche Gefühle entstehen dadurch?

Wie wird sich daraufhin verhalten?

Was könnte die Reaktion der Betroffenen sein, bzw. das Ergebnis?

Wie lautet das Fazit?

Beispiel 7. Kredit abbezahlen

Einstellung: Ich werde es nie schaffen, diesen Kredit abzubezahlen.

Was wird gedacht?

Welche Gefühle entstehen dadurch?

Wie wird sich daraufhin verhalten?

Was könnte die Reaktion der Betroffenen sein, bzw. das Ergebnis?

Wie lautet das Fazit?

Beispiel 8. Ziele erreichen

Behauptung: Ich werde es sowieso nicht schaffen.

Was wird gedacht?

Welche Gefühle entstehen dadurch?

Wie wird sich daraufhin verhalten?

Was könnte die Reaktion der Betroffenen sein, bzw. das Ergebnis?

Wie lautet das Fazit?

Beispiel 9. Bewerbung

Einstellung: Ich brauche mich bei dieser Firma sowieso nicht zu bewerben, denn ich bin unterqualifiziert.

Was wird gedacht?

Welche Gefühle entstehen dadurch?

Wie wird sich daraufhin verhalten?

Was könnte die Reaktion der Betroffenen sein, bzw. das Ergebnis?

Wie lautet das Fazit?

Beispiel 10. Vorstellungsgespräch

Denksatz: Hoffentlich bekomme ich den Job.

Was wird gedacht?

Welche Gefühle entstehen dadurch?

Wie wird sich daraufhin verhalten?

Was könnte die Reaktion der Betroffenen sein, bzw. das Ergebnis?

Wie lautet das Fazit?

Beispiel 11. Umgang mit Geld

Denksatz: Ich lebe heute und gebe heute mein Geld aus.

Was wird gedacht?

Welche Gefühle entstehen dadurch?

Wie wird sich daraufhin verhalten?

Was könnte die Reaktion der Betroffenen sein, bzw. das Ergebnis?

Wie lautet das Fazit?

Beispiel 12. Aussehen

Denksatz: Männer werden im Alter immer attraktiver, aber Frauen nicht.

Was wird gedacht?

Welche Gefühle entstehen dadurch?

Wie wird sich daraufhin verhalten?

Was könnte die Reaktion der Betroffenen sein, bzw. das Ergebnis?

Wie lautet das Fazit?

Beispiel 13. Neue Aufgaben

Denksatz: Ich arbeite mich schnell in neue Aufgabengebiete ein.

Was wird gedacht?

Welche Gefühle entstehen dadurch?

Wie wird sich daraufhin verhalten?

Was könnte die Reaktion der Betroffenen sein, bzw. das Ergebnis?

Wie lautet das Fazit?

9.2 Möglichkeiten zur Lösung der Vorhersagen

Ich schreibe bewusst von Möglichkeiten, denn jeder Mensch unterscheidet sich in seiner Wahrnehmung ein wenig gegenüber seinen Mitmenschen. Das heißt, dass alle Leser sich aufgrund der in den vorangegangenen Kapiteln vorgegebenen Beispielen auch andere Interpretationen aneignen. Jeder individuelle Mensch würde die Beispiele aus dem vorigen Kapitel unterschiedlich interpretieren. Zu jedem Einzelbeispiel würde jede Person etwas anderes empfinden und sich daraufhin auch jeweils unterschiedlich verhalten. Dadurch würde dann auch die Reaktion der Betroffenen bzw. das Ergebnis unterschiedlich ausfallen.

Beispiel 1: Geschäftsreise mit Antwortangaben

Was denkt Lisa?
Die Kollegen sind nicht nett. Alles wird dort anders sein.

Welche Gefühle werden ihr dadurch vermittelt?
Unbehagen und Angst. Aber auch Unsicherheit.

Wie wird sie sich daraufhin verhalten?
Sie wird sich von den Kollegen distanzieren und sich voreingenommen verhalten. Aber auch etwas abwertend.

Wie lautet das Fazit?
Die Kollegen reagieren abweisend und dadurch ist die Atmosphäre unangenehm. Das Gefühl, nicht dorthin reisen zu wollen ist nun ein Gefühl, nicht dazuzugehören und auch nicht dazugehören zu wollen. Auch hat Lisa das Gefühl, dass sie lieber wieder nach Hause möchte und somit konnte sich in ihren Gedanken die selbsterfüllende Prophezeiung erfüllen.

Antwortbeispiele:

(Vorsicht Triggergefahr! Kann Denkanstöße verleihen!)

Denken: Alle Mondmenschen stehlen. Da müssen wir aufpassen.

Gefühl: Ängstlich, voreingenommen

Verhalten: Trifft Vorkehrungen, Distanz, Unnahbarkeit, Abweisend, Abwertend, weicht vermutlich den aus dem Weg, verweigert Zusammenarbeit, etc.

Reaktion der Betroffenen/Ergebnis: Wenn sie nicht die Möglichkeit haben zu arbeiten und sie verhungern, dann werden sie vermutlich wohl klauen, um zu überleben.

Fazit: Sie wurden dazu getrieben.

Beispiel 2. Beziehungsdauer mit Antwortangaben

Einstellung: Ich habe kein Glück mit Männern/Frauen. Bei mir hält sowieso keine Beziehung.

Was denken diese Menschen?
Dass die Beziehung sowieso nicht lange halten wird.

Welche Gefühle werden ihnen dadurch vermittelt?
Verlustängste und Bindungsängste. Angst vor Nähe, Enttäuschung und Verletzung.

Wie werden sie sich daraufhin verhalten?
Zurückhaltend, emotionslos und kalt. Unnahbar, in sich gekehrt, verschlossen und keine Nähe zulassend. Plant auch keine Zukunft und will sich nicht binden.

Wie lautet das Fazit?
Die Person wird verlassen, da sie sich nicht auf eine Beziehung einlassen konnte.

Beispiel 3. Verkaufen (Übung zum selbst lösen)

Behauptung: Das wird sowieso keiner kaufen.

Was wird gedacht?

Welche Gefühle entstehen dadurch?

Wie wird sich daraufhin verhalten?

Was könnte die Reaktion der Betroffenen sein, bzw. das Ergebnis?

Wie lautet das Fazit?

Antwortbeispiele:

Denken: Es wird sowieso keiner kaufen.

Gefühl: Frustrierend

Verhalten: Motivationslos, selbst nicht überzeugend

Reaktion der Betroffenen/Ergebnis: Keiner kauft etwas.

Fazit: Wenn man selbst glaubt, dass man nichts verkaufen kann. Dann wird man sich auch dementsprechend so verhalten.

Beispiel 4. Stereotypen Vorurteile 2

Vorurteil: In diesem Land sind die Menschen so und so...

Was wird gedacht?
Die Menschen verhalten sich in dem Land alle nach einem gleichen Schema.

Welche Gefühle entstehen dadurch?
Es wird sich auf das angebliche Verhalten eingestellt, weil man sich selbst vor Verletzung schützen möchte.

Wie wird sich daraufhin verhalten?
Man begegnet diesen Menschen mit Vorurteilen und behandelt sie auch dementsprechend.

Was könnte die Reaktion der Betroffenen sein, bzw. das Ergebnis?
Die Personen werden sich genauso verhalten wie man es von ihnen erwartet hatte.

Wie lautet das Fazit?
Durch das eigene Verhalten wurde das Verhalten der Betroffenen erzeugt und somit kann sich die selbsterfüllende Prophezeiung erfüllen.

Beispiel 5. Zusammenarbeit

Meinung: Mit diesen Leuten kann ich nicht zusammenarbeiten.

Was wird gedacht?
Eine Zusammenarbeit ist mit diesen Menschen nicht möglich.

Welche Gefühle entstehen dadurch?
Unwohlsein, Abneigung, Abwertung

Wie wird sich daraufhin verhalten?
Abwertend, mit Abneigung und Aggressionen

Was könnte die Reaktion der Betroffenen sein, bzw. das Ergebnis?

Sie reagieren mit Gegenwehr.

Wie lautet das Fazit?
Dadurch, dass sie auf die Abneigung reagieren, wird der Denksatz erfüllt, dass keine Zusammenarbeit möglich ist.

Beispiel 6. Kredit abbezahlen

Einstellung: Den Kredit abzubezahlen ist unmöglich.

Was wird gedacht?
Ich werde es nie schaffen, diesen Kredit abzubezahlen.

Welche Gefühle entstehen dadurch?
Angst vor Mangel, Verlust, Pleite, Armut

Wie wird sich daraufhin verhalten?
Die Wahrnehmung wird nur noch auf diese Faktoren gerichtet und man sieht keine Lösungen. Unbewusst wird sich auch dementsprechend verhalten, so wird zum Beispiel schlecht gewirtschaftet oder schlecht mit Geld umgegangen.

Was könnte die Reaktion der Betroffenen sein, bzw. das Ergebnis?
Dass kaum oder kein Geld da ist und auch nicht nach Lösungen oder Alternativen gesucht wird. Der Kredit kann nicht abbezahlt werden.

Wie lautet das Fazit?
Dadurch, dass der Kredit nicht abbezahlt wird, bestätigt sich das Denken, dass der Kredit unmöglich zu bezahlen sei und die selbsterfüllende Prophezeiung erfüllt sich.

Beispiel 7. Ziel erreichen

Behauptung: Ich werde es sowieso nicht schaffen.

Was wird gedacht?
Ich muss mich mehr anstrengen, sonst schaffe ich das nicht. Bisher habe ich die anderen mir vorgenommen Ziele auch nicht erreicht. Dieses Mal muss es klappen. Ich muss mich mehr anstrengen.

Welche Gefühle entstehen dadurch?
Angst vor Versagen. Angst vor den Konsequenzen.

Wie wird sich daraufhin verhalten?
Es werden keine Maßnahmenpläne für eventuell eintretende Konsequenzen erstellt. Es gibt auch keine richtige Planung und Organisation der Angelegenheiten oder der eigenen Ressourcen. Die Zielsituation wird nicht genau analysiert und kein Plan erstellt, um das Ziel zu erreichen.

Was könnte die Reaktion der Betroffenen sein, bzw. das Ergebnis?
Das Ziel wird nicht erreicht.

Wie lautet das Fazit?
Dadurch, dass das Ziel nicht erreicht wurde, wird der Gedanke, es nicht zu schaffen, erfüllt und somit tritt die selbsterfüllende Prophezeiung in Kraft.

Beispiel 8. Bewerbung

Einstellung: Ich brauche mich bei dieser Firma sowieso nicht zu bewerben – ich bin unterqualifiziert und habe keine Chance.

Was wird gedacht?
Meine Qualifikation reicht nicht aus und ich werde eine Absage erhalten bzw. nicht genommen.

Welche Gefühle entstehen dadurch?
Minderwertig und Angst vor Ablehnung.

Wie wird sich daraufhin verhalten?
Die Person stellt sich in einem schlechteren Licht dar und verkauft sich dadurch schlecht. Oder sie hat sich erst gar nicht beworben.

Was könnte die Reaktion der Betroffenen sein, bzw. das Ergebnis?
Sie erhält eine Absage oder hat sich erst gar nicht beworben.

Wie lautet das Fazit?
Die selbsterfüllende Prophezeiung tritt in Kraft, da der Gedanke, keine Chance bei der Firma zu haben, erfüllt wird.

Beispiel 9. Vorstellungsgespräch

Denksatz: Hoffentlich bekomme ich den Job.

Was wird gedacht?
Ich möchte diesen Job haben und habe Angst, ihn nicht zu bekommen.

Welche Gefühle entstehen dadurch?
Befürchtungen, Ängste, Druck, Beklemmung, Anspannung, Nervosität.

Wie wird sich daraufhin verhalten?
Mit Selbstzweifeln und starker Nervosität. Dadurch ist kein selbstsicheres Auftreten gegeben und man kann sich nicht gut präsentieren.

Was könnte die Reaktion der Betroffenen sein, bzw. das Ergebnis?
Man traut Ihnen den Job nicht zu.

Wie lautet das Fazit?
Die Angst, den Job nicht zu bekommen, hat sich durch den Gedanken erfüllt und auch hier tritt die selbsterfüllende Prophezeiung ein.

Beispiel 10. Umgang mit Geld

Denksatz: Ich lebe heute und gebe heute mein Geld aus.

Was wird gedacht?
Hauptsache heute Geld haben und es ausgeben. Alles was morgen kommt, ist egal.

Welche Gefühle entstehen dadurch?
Leichtigkeit, Sorglosigkeit, Planlosigkeit, erhöhter Enthusiasmus, Hang zur Verschwendung.

Wie wird sich daraufhin verhalten?
Alles an Geld wird ausgegeben. An die damit verbundenen Konsequenzen wird nicht gedacht.

Was könnte die Reaktion der Betroffenen sein, bzw. das Ergebnis?
Dass das Geld heute ausgegeben wird und für morgen keins mehr übrig ist.

Wie lautet das Fazit?
Die selbsterfüllende Prophezeiung wird erfüllt. Der Gedanke „ich lebe heute und gebe mein Geld heute aus" erfüllt sich – was morgen kommt, ist egal.

Beispiel 11. Aussehen

Denksatz: Männer werden im Alter immer attraktiver, aber Frauen nicht.

Was wird gedacht?
Frauen werden hässlich, wenn sie alt werden.

Welche Gefühle entstehen dadurch?
Ungute Gefühle, sich hässlich fühlen, sich alt und minderwertig fühlen, frustriert, deprimiert, gedemütigt.

Wie wird sich daraufhin verhalten?

Es wird weniger auf das Äußere geachtet und auf die Schönheitspflege Oder es wird sich betont altmodisch in unauffälligen Farben gekleidet.

Was könnte die Reaktion der Betroffenen sein, bzw. das Ergebnis?

Sie werden als Person mit wenig Ausstrahlung und als unattraktiv wahrgenommen.

Wie lautet das Fazit?

Durch die selbsterfüllende Prophezeiung wird der Gedanke, dass Frauen im Alter hässlich werden bestätigt.

Beispiel 12. Neue Aufgaben

Denksatz: Ich arbeite mich schnell in neue Aufgabengebiete ein.

Was wird gedacht?

Ich bin lernfähig und meistere sehr schnelle neue Aufgaben. Ich benötige nur eine sehr kure Einarbeitungszeit.

Welche Gefühle entstehen dadurch?

Selbstbewusstsein und Selbstsicherheit, Vertrauen in die eigenen Fähigkeiten, Optimismus, Tatendrang, Selbstreflexion, Selbsterkenntnis, wissen wie man vorgehen muss, um ein Ziel zu erreichen.

Wie wird sich daraufhin verhalten?

Die Person sucht nach Wegen, sich schnell in neue Aufgaben einzuarbeiten.

Was könnte die Reaktion der Betroffenen sein, bzw. das Ergebnis?

Die Person arbeitet sich schnell in neue Aufgaben ein.

Wie lautet das Fazit?

Die selbsterfüllende Prophezeiung tritt in Kraft durch den Gedanken, sich schnell in neue Aufgaben einzuarbeiten.

10.
Merk- & Denkhilfen

10.1 Merke bei Personen und Ergebnissen

Merke bei Personen:

Ein Gedanke

↓

Ein Gefühl

↓

Das Verhalten = die Reaktion der betroffenen Personen

Merke bei Ergebnissen:

Ein Gedanke

↓

Ein Gefühl

↓

Das Verhalten = Das Ergebnis

Egal, was auch immer Du denkst, Deine Gedanken werden bestätigt, sodass die selbsterfüllende und/oder nicht selbsterfüllende Prophezeiung eintreffen kann.

10.2 Merkhilfe-Sätze

Merkhilfe-Sätze dienen dazu, sich Gelerntes schneller einzuprägen. In diesem Kapitel gebe ich Ihnen einige Inspirationen, um sich Ihre eigenen Merkhilfe-Sätze zu bilden. Es ist wichtig, dass die Sätze zu Ihnen passen und sich gut anfühlen. Das heißt, wenn Sie von vornherein schon einen Satz verneinen oder ablehnen, dann passt dieser nicht zu Ihnen und es ist empfehlenswert, einen Satz zu suchen, den Sie bejahen können.

Des Weiteren dient der Merkhilfe-Satz dazu, dass Sie langfristig gesehen alles, was Sie über die selbsterfüllende Prophezeiung gelernt haben, auch bewusst im Alltag anwenden.

Sobald Sie unbewusst an die selbsterfüllende Prophezeiung denken und sie dennoch anwenden – dann haben Sie sie auch gelernt.

Es ist wie beim Autofahren. Automatisch schnallen wir uns an, blicken, bevor wir losfahren ohne groß darüber nachzudenken in den Rück- und Seitenspiegel. Ältere Personen siezen wir ganz selbstverständlich, lesen Texte, ohne dabei an jeden einzelnen Buchstaben zu denken, oder bleiben automatisch bei einer roten Ampel stehen. Wir machen auch reflexartig Platz, wenn jemand mit einem Kinderwagen, Rollstuhl oder ähnlichem Gerät an uns vorbei möchte. Die Beispiele für diese Automatismen sind grenzenlos. Sie geschehen alle unbewusst – alles, was wir gelernt haben, wenden wir im Alltag unbewusst an.

Während wir jedoch lernten, benutzten wir teilweise auch Merksätze, Strophen oder Eselsbrücken wie zum Beispiel das ABC-Lied „ABC, die Katze lief in den Schnee..." oder bei einer Ampel: „Bei Rot musst du stehen und bei Grün darfst du gehen". Ich erinnere mich aber auch noch an Benimmregeln wie: „Die Person, die den Raum betritt, grüßt zuerst". Oder: „Mit einem Lächeln wirst du freundlicher wahrgenommen". Wir alle haben in gesellschaftlichem und kulturellem Rahmen und schon während unserer Kindheit solche Floskeln zu hören bekommen. Sie dienten dazu, dass wir uns die Aussagen besser merken konnten. Daher sind die folgenden Merksätze auch sogenannte Lernhilfen. Sie können sie exakt übernehmen, abwandeln oder sich von ihnen inspirieren lassen und Ihre eigene Kreativität nutzen, um sich eigene Merkhilfe-Sätze zu bilden. Durch das ständige Wiederholen werden sie langfristig in Ihr Langzeitgedächtnis gespeichert und unbewusst ausgeführt.

Einige mögen lieber kurze und prägnante Sätze, andere mögen es lieber sehr ausführlich, manche bevorzugen eher Reime, etc. Jeder Mensch hat einen anderen Geschmack, beziehungsweise sagt jedem ein anderer Lernstil zu, was vollkommen legitim ist. Solange das Hauptprinzip der selbsterfüllenden Prophezeiung verstanden wurde, ist es in Ordnung und Sie können es für sich selbst demnach auch so formulieren wie es für Sie gut und richtig ist!

Beispiele für Merkhilfe-Sätze der selbsterfüllenden Prophezeiung:

• Erfolg beginnt mit der selbsterfüllenden Prophezeiung.

• Denke & handle erfolgreich mit der selbsterfüllenden Prophezeiung.

• Ich bin mir meiner selbsterfüllenden Prophezeiung bewusst.

• Ich denke und nutze die selbsterfüllende Prophezeiung sinnvoll.

• Jeder Gedanke kann sich bewahrheiten.

• Jeder Gedanke kann Resultate schaffen.

• Mein Verhalten anderen Menschen gegenüber erzeugt in ihnen Gefühle.

• Durch mein Verhalten schaffe ich in meinen Mitmenschen ebenfalls ein Verhalten.

• Meine Gedanken schaffen mein Verhalten und das wiederum schafft Resultate.

• Was immer ich denke, ich könnte Recht behalten.

• Alles was ich denke, verursacht Ergebnisse.

- Mein Denken wird stets bestätigt.

- Nicht alles lässt sich auf die selbsterfüllende Prophezeiung zurückführen, aber vieles!

- Es gibt die selbsterfüllende Prophezeiung und es gibt ein Schicksal. Für das erstere bin ich selbst verantwortlich.

- Ich bin mit der selbsterfüllenden Prophezeiung mein eigener Glücksschmied.

- Ich kann viel mehr mit der selbsterfüllenden Prophezeiung erschaffen, als mir bewusst war.

- Ich bin mir jetzt bewusst, dass ich mit der selbsterfüllenden Prophezeiung dazu beitragen kann, Glück, Gesundheit, Erfolg und Liebe zu erhalten.

- Mit der selbsterfüllenden Prophezeiung erfülle ich mir liebevolle Beziehungen.

- Mit der selbsterfüllenden Prophezeiung erfülle ich mir Gesundheit und Vitalität.

- Mit der selbsterfüllenden Prophezeiung erfülle ich mir meine Karriere.

- Mit der selbsterfüllenden Prophezeiung erfülle ich mir beruflichen Erfolg.

- Mit der selbsterfüllenden Prophezeiung erfülle ich mir eine bessere Ausstrahlung.

- Mit der selbsterfüllenden Prophezeiung erfülle ich mir mehr Lebensfreude.

- Mein Denken wird mein Verhalten steuern und das wiederum bringt Ergebnisse.

- Ich handle nach meinem Denken und nach meinem Denken erfahre ich Situationen, Erlebnisse und Verhaltensweisen meiner Mitmenschen.

- Mit jedem Gedanken erfülle ich mir mein Leben.

- Jede Vorhersage erfüllt sich dank der selbsterfüllenden Prophezeiung.

- Jedes Vorurteil erfüllt sich dank der selbsterfüllenden Prophezeiung.

- Ausnahmen bestätigen die Regel – die selbsterfüllende Prophezeiung auch!

- Jeden Tag tritt die selbsterfüllende Prophezeiung ein!

- Der erste Gedanke am Morgen bestimmt Deinen Tag und erfüllt sich.

- Du bist für dein Denken verantwortlich, es erfüllt sich bewusst oder unbewusst.

- Für welche Art von Gedanken Du Dich entscheidest – ob Gute oder Schlechte – sie erfüllen sich.

- Mein Denken fördert mein Verhalten und das schafft Konsequenzen.

- Mein Denken fördert mein Verhalten und das bringt Konsequenzen mit sich.

- Ich bezahle für und ernte meine Verhaltensweisen, die aufgrund meiner Denkweise ausgeführt wurden.

- Ich erhalte immer eine Rechnung für mein Verhalten, das von meinem Denken ausging.

- Was auch immer ich über mich denke – ich werde mich dementsprechend verhalten und es wird sich im Außen bestätigen.

- Was auch immer ich über mich denke – ich werde mich dementsprechend verhalten und es wird sich in meinem Leben bestätigen.

- Was auch immer ich über mich denke – ich werde mich dementsprechend verhalten und es wird sich in allen Resultaten zeigen.

- Was auch immer ich über meine Mitmenschen denke – ich werde mich dementsprechend verhalten und es wird sich im Außen bestätigen.

- Was auch immer ich über meine Mitmenschen denke – ich werde mich dementsprechend verhalten und es wird sich in meinem Leben bestätigen.

- Was auch immer ich über meine Mitmenschen denke – ich werde mich dementsprechend verhalten und es wird sich in allen Resultaten zeigen.

- Was auch immer ich über einen Menschen denke – ich werde mich dementsprechend verhalten und es wird sich im Außen bestätigen.

- Was auch immer ich über einen Menschen denke – ich werde mich dementsprechend verhalten und es wird sich in meinem Leben bestätigen.

- Was auch immer ich über einen Menschen denke – ich werde mich dementsprechend verhalten und es wird sich in den Resultaten zeigen.

- Was auch immer ich über eine Sache denke – ich werde mich dementsprechend verhalten und es wird sich im Außen bestätigen.

- Was auch immer ich über eine Sache denke – ich werde mich dementsprechend verhalten und es wird sich in meinem Leben bestätigen.

- Was auch immer ich über eine Sache denke – ich werde mich dementsprechend verhalten und es wird sich in allen Resultaten zeigen.

- Meine Gedanken werden durch meine Verhaltensweisen und durch deren Ergebnisse erzeugt und in der selbsterfüllenden Prophezeiung bestätigt.

- Meine Gedanken werden durch meine Verhaltensweisen und durch deren Ergebnisse erzeugt, sodass sich meine Gedanken wieder bestätigen und die selbsterfüllenden Prophezeiungen in Kraft tritt.

- Vermutungen können durch die selbsterfüllende Prophezeiung erfüllt werden.

- Vermutungen können durch die selbsterfüllende Prophezeiung zutreffen.

- Vermutungen fördern Verhaltensweisen und werden durch die selbsterfüllende Prophezeiung erfüllt.

- Ich bin mir meiner selbsterfüllenden Prophezeiung bewusst und wende sie auch dementsprechend an.

11.
Schlusszusammenfassung

Schlusszusammenfassung

Vorsicht: Nutzen Sie nie gewollt die selbsterfüllende Prophezeiung, um Andere zu manipulieren, ihnen zu schaden oder sie zu verletzen!

Freilich kann es nun passieren, dass Mancher glaubt, er bräuchte nur positiv zu denken und schon würde er dann seinen Traumpartner/in finden. Oder zumindest dazu beitragen, dass sich diese Person in ihn oder sie verliebt und ist dann enttäuscht, wenn es nicht so ist. Die selbsterfüllende Prophezeiung geht von Ihrem Denken aus und erzeugt in Ihnen Gefühle, die Ihr Verhalten steuern. Das heißt, Ihr Verhalten erzeugt in Anderen ebenfalls ein Gefühl, das sie zum Nachdenken bringt. Und dieses Denken erzeugt ein Verhalten. Dadurch erhalten Sie ein Ergebnis bzw. eine Reaktion seitens dieser betroffenen Person.

Dass Sie sich zu Menschen hingezogen fühlen, die Ihre Liebe nicht erwidern, kann daran liegen (muss aber nicht!), dass Sie bewusst oder unbewusst solche Menschen aufsuchen. Bei jedem Menschen kann die Ursache anders sein, für ein genaues Ergebnis müsste konkret auf die betreffende Person eingegangen werden, sei es im Coaching oder Therapie. Der Ursprung besteht im Denken Ihres Selbstbildes. Die Ursachen für Ihre Denkmuster können sehr vielseitig sein. Daher werde ich dieses Thema noch einmal in einem anderen Buch gesondert behandeln.

In diesem Buch sollte es einzig und allein um die selbsterfüllende Prophezeiung gehen.

Und diese entsteht grundsätzlich aus unserem Denken. Das Denken erzeugt immer ein Gefühl in uns. Dieses Gefühl leitet uns zu Verhaltensweisen. Mit unserem Verhalten erzeugen wir Ergebnisse sowie Reaktionen in unseren Mitmenschen.

Leider entstehen hier auch falsche Denkmuster, denn viele Menschen glauben, dass zum Beispiel Mobbingopfer oder allgemein Opfer selbst die Schuld für die Dinge trügen, die ihnen zugestoßen sind.

Zur näheren Definition anhand eines Beispiels: Wenn Sie in eine Bank gegangen sind, die gerade überfallen wurde und Sie dann als Geisel mitgenommen werden. Dann wäre dies nicht darauf zurückzuführen, dass Ihr Verhalten dazu geführt hätte, dass sie als Geisel mitgenommen würden.

Viele Menschen (zum Beispiel aus ihrem privaten Umfeld) neigen dazu, betroffenen Personen immer wieder Fragen stellen, wie: „Was haben Sie denn gemacht? Haben Sie extra laut agiert, damit Sie auffallen oder waren Sie anderweitig sehr auffällig, dass man gerade Sie mitgenommen hat? Und genau diese Fragen stürzen viele Menschen in Verzweiflung.

Es geschehen tatsächlich Dinge, auf die Sie keinen Einfluss haben. Wenn Sie neu in der Firma sind und an die Stelle einer Person treten, die gerade gegangen ist und gemobbt wurde, dann werden sie halt auch gemobbt. Das hat dann nichts damit zu tun, dass Sie diese Handlungen erzeugt haben. Viele bezeichnen solche Ereignisse als Schicksal. Sie erwecken in uns neue Verhaltensmuster und unser Potenzial – an ihnen können wir wachsen. In solchen Situationen können wir nur auf unser Verhalten und auf unsere Denkweise achten. Nicht immer lässt sich erklären, warum und wieso etwas gut ist. Wir Menschen streben danach, immer alles schnell in eine Schublade zu kategorisieren. Tatsächlich hat aber auch vieles einen Sinn – hier kann die Logotherapie von Viktor Frankl helfen. Er schrieb unter anderem das Buch: Ein Psychologe im KZ.

Rückblickend können wir immer sagen, was sich durch die Ereignisse in unserem Leben verändert hat. Wenn Viktor Frankl nicht das Grauen des Konzentrationslagers erlebt hätte, hätte er vielleicht nicht die Logotherapie gegründet, die so vielen Menschen geholfen hat.

Wenn Waris Dirie – ein österreichisches Model somalischer Herkunft – nicht selbst Opfer der grausamen Praxis weiblicher Beschneidung geworden wäre, wäre sie vielleicht selbst nie Autorin des Buches Wüstenblume und Menschenrechtsaktivistin im Kampf gegen weibliche Genitalverstümmelung geworden.

Wenn Frau X nicht arbeitslos geworden wäre, dann hätte sie vielleicht auch die Umschulung zu Beruf Y nicht gemacht und dann wäre sie jetzt nicht als Z tätig.

Wenn manche Menschen nicht als Kind im Ghetto aufgewachsen wären und nicht tagtäglich gesehen hätten, wie ungerecht ihre Mitmenschen dort behandelt werden, hätten sie vielleicht auch nie den Wunsch und die Motivation verspürt, diesen Menschen zu helfen. Dann hätten sie sich vermutlich auch nie so hart angestrengt und sich Charaktereigenschaften wie Ehrgeiz, Durchhaltevermögen, Ausdauer, Beharrlichkeit, Optimismus, Kommunikationsvermögen, Selbstbewusstsein, Disziplin, Problemlösungsfähigkeit, etc. angeeignet. Und dann hätten sie heute wahrscheinlich auch nicht die Firma X gegründet und so viele faire Arbeitsplätze geschaffen oder sie hätten sich nicht für die Rechte anderer Menschen eingesetzt.

Wenn wir uns darauf fokussieren und unsere Wahrnehmung darauf ausrichten, dass es auch etwas Gutes an sich haben kann – dass es einen höheren Sinn hat, wozu andere „Schicksal" sagen, dann ist es doch gut, dass es so geworden ist wie es jetzt ist. Dies nennt man im Coaching Reframing – das heißt, man deutet es in einem positiven Sinn um.

Natürlich ist es nicht gut, dass jemand nach einer Kindheit im Ghetto später anderen Menschen schadet, nur weil man ihm einst selbst geschadet hat. Dies möchte ich noch einmal an dieser Stelle betonen: ein Sinn hat immer einen höheren Zweck und dient dem Wohl des Menschen.

Letzten Endes schaden Sie sich mit Ihrem Denken und Verhalten immer selbst und werden auch die dementsprechenden Ergebnisse bzw. Resultate Ihrer Mitmenschen ernten.

In der Esoterik und auch in der Religion wird beispielsweise davon gesprochen, dass man erntet, was man sät. Wenn Sie Gedanken des Hasses haben, werden Sie diese auch wieder zurückbekommen. Oder anders ausgedrückt: alles, was wir aussenden, kehrt immer wieder zu uns zurück.

Beispiel am Gedanken „Ich hasse Dich":

Warum hassen Sie Andere, z. B. weil dieser Mensch Sie verletzt hat. Warum hat er Sie verletzt?

Waren es die Worte? Oder war es das Verhalten? Hatten Sie gehofft das dieser Mensch z.b. pünktlich ist und dieser hat sie wieder zum x-ten Mal versetzt? Sind sie jetzt enttäuscht? Weil Sie eine Erwartungshaltung diesem Menschen gegenüber hatten und diese nicht erfüllt wurde?

Dies erzeugt ein Gefühl des Hasses, welches wiederum ein Gefühl, den Anderen verletzen zu wollen, erzeugt. Im Gegenüber wird das Gefühl erzeugt, sich zu schützen oder sich zu wehren oder sich von Ihnen abzuwenden. Daher wird sich dieser Mensch Ihnen gegenüber sehr abwehrend verhalten und dieses Verhalten ist dann die Reaktion auf Ihr Verhalten. Sie erhalten dadurch erneut die Bestätigung ihrer Gedanken, dass Sie den Anderen hassen, denn die selbsterfüllende Prophezeiung konnte sich erfüllen.

Achten sie auf Ihre Gedanken, denn diese erzeugen Gefühle, welche Ihr Verhalten verursachen. Ihr Verhalten erzeugt ein Gefühl bei Ihren Mitmenschen. Und dies wiederum erzeugt ein Verhalten, welches Ihre Gedanken bestätigen wird.

Und wenn es sich nicht um Personen, sondern um Ergebnisse handelt, so gilt: Ihr Denken verursacht Gefühle. Dies wiederum verursacht Ihr Verhalten und das Verhalten erzeugt Ergebnisse.

Und dies ist die selbsterfüllende und auch nicht selbsterfüllende Prophezeiung!

Nochmals zur Erinnerung: Bedenken Sie, dass sich die selbsterfüllende Prophezeiung am häufigsten in der Anwendung bei Stereotypen, Kategorisierungen, Vorurteilen, Vorhersagen, Erwartungen und Denken bewahrheitet.

12.
Schlusswort

Schlusswort

Liebe Leser, vielleicht haben Sie das ganze Buch von vorne bis hinten durchgelesen. Vielleicht aber auch querbeet oder Sie haben einiges ausgelassen. Oft bedarf es etwas Zeit und Geduld, neu erlerntes Wissen in der Praxis anzuwenden. Mit diesem Buch haben Sie sich eine Sensibilisierung für das Thema der selbsterfüllenden Prophezeiung angeeignet. Dass Sie im Alltag dafür einen bewussteren Umgang entwickeln, kann etwas Zeit in Anspruch nehmen.

Auch ist es nicht auszuschließen, dass in Trubel und Hektik des Alltags das Gelernte schnell wieder vergessen wird, sodass es sich empfiehlt, dieses Buch von Zeit zu Zeit wieder vorzunehmen, um darin zu lesen und Ihr Wissen aufzufrischen. Auch bei den vielen Praxisübungen kann es sein, dass Sie manchmal eine Zeitlang darüber nachdenken müssen, bevor Ihnen die passende Antwort in den Sinn kommt.

Ich wünsche Ihnen viel Spaß und Freude beim Lernen und Umsetzen der selbsterfüllenden Prophezeiung.

Mein Tipp: Und bedenken Sie: Wenn Sie glauben, dass Sie dieses Wissen nicht erfolgreich anwenden können, dann werden Sie sich auch dementsprechend verhalten, sodass sich die selbsterfüllende Prophezeiung erfüllt.

Wenn Sie möchten, dass sie es erfolgreich anwenden, sollten Sie daran glauben, dass Sie es auch können. Dann werden Sie sich auch dementsprechend verhalten und Sie werden es in der Praxis bewusst wahrnehmen und manchmal bedarf es auch Zeit, Geduld, Beharrlichkeit und viele Übungen.

In diesem Sinne wünsche Ihnen alles Gute, viel Erfolg, glückliche Erlebnisse und herzerfüllende Momente.

Alles Liebe
Ramona Wolter

13.
Glossar

Glossar

Abstraktion
Beim induktiven Denkprozess werden Einzelheiten weggelassen und auf etwas Allgemeineres oder Einfacheres übergeleitetet.

Assoziationen
In der Psychologie wird darunter eine Verknüpfung von Vorstellungen verstanden. Hierbei wird eine Vorstellung von anderen Vorstellungen oder Eindrücken hervorgerufen. Z. B. wird ein Flugzeug gesehen und dabei wird an einen Strand gedacht. Laut Werner Stangl: „Das Verbinden eines Bildes, einer Gegebenheit mit einer jeweiligen Erinnerung, z. B. Das Meer → der letzte Urlaub" Dieses Prinzip wird auch viel in der Werbung genutzt sowie im Verkauf. Durch Bilder werden im jeweiligen Betrachter Assoziationen ausgelöst. Hierbei können auch mehrere Bilder zugleich assoziiert werden. Z. B. löst ein Diät-Shake, der am Strand von einer schlanken Person getrunken wird, die Assoziation aus, dass dieser Diät-Shake zum Abnehmen dient und hilft, die Bikini-Figur zu halten, attraktiv zu sein, am Strand zu liegen, usw.

Attribution
Darunter wird die Zuschreibung von Erfolg und Misserfolg von Ursachen verstanden. Dabei ist auch zu differenzieren, ob man sich selbst oder externe Faktoren verantwortlich macht. Des Weiteren ist zu beachten, dass es variable sowie stabile Ursachen gibt. Variable Ursachen wären z. B. wenn sie eine Prüfung haben und diese mit einer Grippe antreten. Aufgrund des Gesundheitszustandes ist es schwieriger, die Prüfung zu bewältigen. Hier würde die Grippe für den Misserfolg verantwortlich gemacht werden. Die Wahrscheinlichkeit, bei der nächsten Prüfung wieder eine Grippe zu haben, ist jedoch unwahrscheinlich. Hier wäre die variable Ursache, wenn gewusst wird, dass die Prüfung ohne Lernen nicht zu bestehen ist. Die selbsterfüllende Prophezeiung tritt ein, wenn die Attribution negativ erfolgt. Z. B. wenn befürchtet wird, bei der nächsten Prüfung im Winter wieder eine Grippe zu haben und Sie z. B. nicht genügend auf Ihre Gesundheit achten, dann ist auch die Wahrscheinlichkeit recht hoch, dass sie an einer Grippe erkranken. Sobald die Grippe eintritt, werden Sie sich in Ihrer selbsterfüllenden Prophezeiung bestätigt fühlen.

Disposition
Darunter wird eine Eigenschaft oder ein Verhalten verstanden, das sich nicht verändert und in ähnlicher Weise in gewissen Zeitabständen immer wieder auftritt.

Dysmorphobie
Laut Enrico Morselli (1886) wird darunter eine zwanghafte Vorstellung verstanden. Betroffene glauben, dass sie wirkliche oder vermeintliche Körperfehler haben und deshalb unangenehm auffallen.

Auch versteht man darunter die Angst, hässlich zu sein. Betroffene leiden an der Vorstellung einen missgestalteten Körperteil (Kopf, Nase, Brust, etc.) zu haben. Diese Symptomatik kann auch bis hin zu einer Wahnvorstellung ausarten.

Heuristisch
Auch als heuristisches Vorgehen oder Heuristik bezeichnet – wird in der Psychologie als eine einfache Denkstrategie für effizientere Urteile und Problemlösungen angesehen. Diese sind meist schneller, aber auch fehleranfälliger als bspw. ein Algorithmus.

Induktion
Führt vom Einzelnen zum Allgemeinen hin.

Implizite Theorien
Darunter werden persönliche Überzeugungen von Personen und/oder Situationen verstanden, die ohne eine kritische Analyse dennoch ihre Gültigkeit haben, da die Überzeugung an der Beurteilung festhält.

Fiktives Jobinterview
Darunter versteht man, dass Texte inhaltlich zusammengefasst werden, um sie verständlicher zu machen. Z. B. wird dabei ein fertiger Text in einen Zeitungsartikel oder in ein Interview umgearbeitet. Bei einem Jobinterview kann aber auch ein Rollenspiel stattfinden.

Lernstile
Lernstile nach Honey und Mumford, dem Kolbschen Modell. Ein ähnliches stammt von Honey und Mumford (1992), diese beziehen sich auf einen vierstufigen Lernprozess.

Die vier Phasen des Lernens:

1) Das Gelernte wird in Erfahrung gebracht bzw. gemacht – Daten werden aus Untersuchungen gesammelt, persönlich gemachte Erfahrungen werden reflektiert und es wird über diese Erfahrung nachgedacht.

2) Nach der Beobachtung und der Reflexion wird die Bedeutung dieser Daten analysiert.

3) Aus dieser Erfahrung ergeben sich Schlüsse - die abstrakte Begriffsbildung erzeugt abstrakte Konzepte, Modelle und Gedankenmuster.

4) Die neuen gewonnen Konzepte werden in neuen Situationen getestet sowie in neuen Handlungen ausgeführt, die gewünschten Effekte werden maximiert. Anschließend erfolgt die Prüfung des Modells und aus dem Ergebnis erfolgt die nächste Schrittplanung.

Lerntypen
Die Theorien von Frederic Vesters von 1975 besagen, dass wir Menschen Wissen auf unterschiedliche Weise aufnehmen.
(Vester, 1998, S. 50ff). Bis heute haben sie noch Bestand (Mauersberger, 2007, S. 9)

Auditiver (Lernen durch Hören) Lerntyp:
Sich selbst laut Texte vorlesen, Texte hören, kann Gesprächen gut folgen. Gut geeignet: Texte, Audiodateien, Gespräche, Seminare, Vorträge und Videos.

Visueller (Lernen durch Sehen) Lerntyp:
Bilder, Grafiken, Diagramme und Lesen von Texten. Gut geeignet: Online-Lernen mit Texten, Bildern, Skizzen, Flipcharts, bildliche Sprache, Texte markieren, Karteikarten und Videos.

Der haptische (motorisches Lernen durch die Praxis, Bewegung) Lerntyp:
Lernt durch eigenes Tun und nachvollzogene Handlungen. Auch zeichnen sich diese Lerntypen dadurch aus, dass sie sich bewegen müssen, etwas beim Lernen in der Hand halten (z. B. malen sie nebenbei, spielen mit ihrem Kugelschreiber, etc.). Gut geeignet: Rollenspiele, selbst ausprobieren, selbst erarbeiten, praktische Vorführungen.

Kognitiver Lerntyp (kommunikatives Lernen durch Verarbeitung von Texten, abstraktes-verbales Lernen durch verstehen und speichern von Informationen):

Über die Information wird kritisch nachgedacht und sich damit auseinandergesetzt. Erhält dieser Lerntyp z. B. eine mathematische Formel, kann er diese als Information einfach abspeichern. Sein Lernen gleicht einem fotografischen Gedächtnis, da der Wahrnehmungskanal unwichtig für seine Aufnahme von Informationen ist. Gut geeignet: schreibt im Unterricht mit, macht sich Notizen, Pläne, Schnelllesen, Tastschreiben und das Abschreiben von Texten.

Konformitätsdruck

Eine andere Bezeichnung dafür ist Gruppenzwang. Dieser beinhaltet einen Auslöser oder ein Verhalten für die Einstellung einer Person innerhalb einer Gruppe. Die Person passt sich innerhalb dieser Gruppe an, ganz besonders dann, wenn es der Gruppennorm entspricht oder an die Bedingung einer Mitgliedschaft geknüpft ist. Inwiefern dieser Konformitätsdruck wirksam ist, ist z. B. an der Sozialmoral und an der öffentlichen Meinung erkennbar.

Multiple Intelligenzarten nach Gardner

Diese Theorie wurde 1980 entwickelt. Zuerst unterschied Howard Gardner acht Intelligenzformen: sprachlich, musikalisch, logisch-mathematisch, körperlich-kinästhetisch, intrapersonal, interpersonal, naturalistisch. Hinzu kam die neunte Form der Intelligenz: die existenzielle:

1. Sprachliche- linguistische Intelligenz:

Darunter wird die Fähigkeit verstanden, Sprache treffsicher einzusetzen, um seine eigenen Gedanken auszudrücken und zu reflektieren sowie auch die Fähigkeit, Andere zu verstehen. Berufe: z. B. Rechtsanwälte, Redner, Schriftsteller und Dichter.

2. Musikalische – rhythmische Intelligenz:

Darunter wird die Fähigkeit verstanden, Musik zu komponieren und aufzuführen oder ein besonderes Gespür für Intonation, Rhythmik und Klang, sowie auch ein subtiles Gehör dafür zu haben. Berufe: z. B. Musiker, Komponisten, Dirigenten und Musiklehrer.

3. Logisch-mathematische Intelligenz:

Dies ist die Fähigkeit, mit Beweisketten umzugehen, aber auch durch Abstraktionen Ähnlichkeiten zwischen Dingen zu erkennen sowie mit Zahlen, Summen und mentalen Operationen umzugehen. Berufe: z. B. Mathematiker, Logiker, Programmierer und Naturwissenschaftler.

4. Bildlich-räumliche Intelligenz:

Darunter wird die Fähigkeit, die sichtbare Welt akkurat wahrzunehmen, Wahrnehmungsresultate zu transformieren und abzuwandeln sowie visuelle Erfahrungen selbst in Abwesenheit physikalischer Reize nachzuschaffen verstanden. Berufe: z. B. Bildhauer, Chirurgen, Schachspieler, Ingenieure, Grafiker oder Architekten.

5. Körperlich-kinästhetische Intelligenz:

Darunter werden die Beherrschung, Kontrolle und Koordination des Körpers und einzelner Körperteile verstanden. Berufe: z. B. Tänzer, Schauspieler und Sportler. Aber auch technische Berufe: Handwerker, Chirurgen oder Mechaniker.

6. Intrapersonale Intelligenz:

Ist die Fähigkeit, seine Impulse zu kontrollieren, seine eigenen Grenzen zu kennen und mit den eigenen Gefühlen klug umzugehen. Berufe: z. B. Führungspersönlichkeiten sowie beratende oder heilende Berufe.

7. Interpersonale Intelligenz:

Ist die Fähigkeit, seine Mitmenschen zu verstehen und einfühlsam mit ihnen zu kommunizieren. Berufe: z. B. Schriftsteller, Schauspieler und Künstler.

8. Naturalistische Intelligenz:

Darunter wird die Fähigkeit, Lebendiges zu beobachten, zu unterscheiden und zu erkennen sowie die Sensibilität für Naturphänomene verstanden Berufe: z. B. Naturforscher, Umweltspezialisten, Tierärzte und Köche.

9. Existentielle Intelligenz:

Ist eine potenzielle Intelligenz, die das Erfassen und Durchdenken von grundlegenden Fragen der Existenz erlaubt. *(Stangl, 2019)*. Berufe: z. B. religiöse und geistige Führer oder Philosophen.

Persönliche Anmerkung:
Ich bin durch einen Englischkurs auf die multiplen Intelligenzarten nach Gardner aufmerksam geworden. Die Lehrerin teilte uns dafür einen Test aus, damit wir sehen, was wir für Lerntypen sind. Auch waren mehrere Kombinationen möglich. Es gibt auch noch viele andere Tests, aber diese sind die bekanntesten. Kostenlose Onlinetests finden Sie dazu im Internet oder in einer gut bestückten Bibliothek.

Anmerkung:
Seit 1990 wurde das Prinzip der emotionalen Intelligenz von John D. Mayer (University of New Hampshire) und Peter Salovey (Yale University) eingeführt. Dabei geht es um die Fähigkeit, eigene und fremde Gefühle wahrzunehmen, sie zu verstehen und sie zu beeinflussen sowie auch die seiner Mitmenschen zu verstehen (empathisch zu sein).

Obsessionen
Diese Zwangsgedanken und Gefühle treten gegen den Willen der Betroffenen auf und wiederholen sich. Sie sind unkontrollierbar und drängen sich auf. Sie widersprechen oft völlig dem vorherrschenden Wertesystem und werden als verwerflich oder belastend sowie beängstigend empfunden.

Para- und nonverbale Interaktionsverhalten
Unter der paraverbalen Kommunikation wird alles, was mit der Art und Weise des Sprechens zusammenhängt verstanden. Z. B.: Stimmlage, Tonfall, Resonanzraum und das Sprechverhalten wie Artikulation, Lautstärke, Sprechtempo und Sprachmelodie. Beinhaltet auch Sprechpausen und das Schweigen.

Bei der nonverbalen Kommunikation geht es um alles, was nicht ausgesprochen wird wie z. B.: Gestik, Mimik, Lächeln, Kopfnicken, Erröten, Schwitzen, Handzeichen geben, etc. Hier wird über Körpersprache miteinander kommuniziert und diese kann je nach Kultur unterschiedlich ausfallen.

Unter Interaktion wird das wechselseitige Handeln oder auch Beeinflussen von Personen verstanden. Wie sie auf andere Personen reagieren, sie beeinflussen, sie steuern, usw.

Beispiel nonverbale Interaktionsverhalten:
Jemand lächelt Sie an - Sie lächeln zurück.
Jemand nickt Ihnen zu - Sie nicken zurück.

Beispiel paraverbales Interaktionsverhalten:
Jemand schreit Sie an - Sie schreien zurück.
Jemand flüstert Ihnen etwas zu – Sie flüstern zurück.

Psychosomatische Beschwerden

Auch bekannt als psychosomatische Störung. Bei dieser Erkrankung handelt es sich oft um körperliche chronische Beeinträchtigungen, die ihren Ursprung in Erlebnissen und deren Verarbeitung haben. Dieser chronisch gewordene Konflikt äußert sich über das vegetative Nervensystem und führt bis zu somatischen Veränderungen im Organsystem hin.

Ressourcen

Darunter kann auch eine Kraftquelle verstanden werden. Es handelt sich dabei um eine Kompetenz, eine Handlungsmöglichkeit, aber es kann auch die Hilfe einer Person sein, um Situationen zu beeinflussen, zu schaffen, sie zu optimieren, Probleme zu bewältigen, etc.

Self-destroying Prophecy (selbstzerstörende Prophezeiung):

Unterscheidet sich gegenüber der Self-fullfilling Prophecy dadurch, dass bestehende Beobachtungen, nach den Ereignissen oder Voraussagungen bestimmte Verhaltensweisen oder andere Ereignisse zur Folge haben, sodass sich die Voraussagungen dann nicht bewahrheiten.

Self-fullfilling Prophecy (selbsterfüllende Prophezeiung):

Dieser Begriff wurde von dem Soziologen Robert K. Merton eingeführt. Der Bezug ist basierend auf Situationen, in denen eine Person durch ihre eigene Handlung Situationen zustandebringt, sodass sich ihre eigene Prophezeiung erfüllt.

Stereotypen

Hierbei handelt es sich um feste Vorstellungen, die Personen einer bestimmten Gruppe haben. Auch hier werden Eigenschaften und/oder Verhaltensweisen assoziiert.

Stigmatisierungen

Darunter versteht man eine bestimmte Weise, eine Eigenschaft wahrzunehmen, die ein Individuum klar von seinen Mitmenschen differenziert. Dies kann z. B. eine Behinderung sein, eine bestimmte Krankheit, Arbeitslosigkeit, Obdachlosigkeit, etc. Sie kann dazu führen, dass Menschen gesellschaftlich benachteiligt werden bis hin zur kompletten Ausgrenzung.

In der soziologischen und sozialpsychologischen Randgruppentheorie bezeichnete F.C. Schubert den *„Sonderfall eines sozialen Vorurteils gegenüber bestimmten Personen dadurch, dass diesen negativen Eigenschaften zugeschrieben werden."*

Rosenthaleffekt (auch Pygmallioneffekt):

Darunter wird ein Verzerrungseffekt von Studienergebnissen verstanden. Dieser wird durch das Verhalten eines Versuchsleiters gegenüber seinen Probanden/innen ausgelöst. Durch das unbewusste Verhalten und durch die Erwartungshaltung (Hoffnungen, Hypothesen, etc.) des Versuchsleiters werden die Studienergebnisse beeinflusst und das Ergebnis erfüllt die Erwartung, womit sich die selbsterfüllende Prophezeiung des Versuchsleiters erfüllt.

14.
Quellenangabe
Glossar

Quellenangabe Glossar

(Der Reihenfolge des Glossars nach aufgelistet)

https://de.wikipedia.org/wiki/Abstraktion
(gelesen am 2019-05-29)

Stangl, W. (2019). Assoziation. Werner Stangls Psychologie News
(gelesen am 2019-05-29)

(vgl. Meyers Jugend Lexikon, 1994 3., aktualisierte Auflage, S. 41, herausgegeben und bearbeitet von Meyers Lexikonredaktion) (Stangl, 2019)."

https://psychologie-news.stangl.eu/80/assoziation
(2019-05-29).

Zimbardo Gerrig Psychologie, S.351, Springer Verlag, 7. Auflage, ISBN 3540646337

S.145, Peters Lexikon, Psychiatrie Psychotherapie, Medizinische Psychologie, Urban & Fischer Verlag, 6. Auflage, ISBN 9783437150616

Stangl, W. (2019). Stichwort: 'Obsession'. Online Lexikon für Psychologie und Pädagogik.

https://lexikon.stangl.eu/6812/obsession/ (2019-06-03)

http://www.lexikon-psychologie.de/Disposition/
(gelesen am 2019-05-29)

https://lexikon.stangl.eu/1963/heuristik/
(gelesen am 2019-05-29)

https://www.spektrum.de/lexikon/psychologie/implizite-theorien/7059
(gelesen am 2019-05-29)

https://www.bpb.de/lernen/grafstat/grafstat-bundestagswahl-2013/148864/fiktives-interview
(gelesen am 2019-05-29)

Stangl, W. (2019). Lernstile nach Honey und Mumford. [werner stangl]s arbeitsblätter.

https://www.stangl-taller.at/ARBEITSBLAETTER/LERNEN/LernstileHoney-

Mumford.shtml (2019-05-28).
https://de.wikipedia.org/wiki/Lernstil
(gelesen am 2019-05-28).

https://smarter-learning.de/lerntypen/klassische-lerntypen-nach-vester/
(gelesen am 2019-05-28).

https://de.wikipedia.org/wiki/Gruppenzwang
(gelesen am 2019-05-29)

Stangl, W. (2019). Modell der multiplen Intelligenz nach Gardner. Werner Stangls Psychologie News.

https://psychologie-news.stangl.eu/17/modell-der-multiplen-intelligenz-nach-gardner
(gelesen am 2019-05-28).

https://de.wikipedia.org/wiki/Theorie_der_multiplen_Intelligenzen
(gelesen am 2019-05-28)

https://de.wikipedia.org/wiki/Emotionale_Intelligenz
(gelesen am 2019-05-28)

http://transkulturelles-portal.com/index.php?view=article&catid=83%3A812&id=95%3Averbale-nonverbale-paraverbale-kommunikation&format=pdf&option=com_content&Itemid=152
(gelesen am 2019-05-29)

Lexikon Psychiatrie Psychotherapie Medizinische Psychologie, Auflage von 2007, Urban & Fischer Verlag, ISBN 9 78437 150616

Harder Lexikon der Psychologie, 1980 by Verlag Herder GmbH, ISBN 978-3-86756-037-5

Aus Schüler Duden Psychologie, Meyers Lexikon, ISBN 3-411-05252-X

Herders Lexikon der Psychologie, ISBN 978-3-86756-037-5:

https://lexikon.stangl.eu/7260/rosenthal-effekt/